Fußball clever trainieren

**Hinweise**

Aus Gründen der besseren Lesbarkeit wird bei Personenbezeichnungen die männliche Sprachform verwendet. Gemeint ist sowohl die männliche als auch die weibliche und die diverse Form.

BJÖRN BREMERMANN

# FUSSBALL CLEVER TRAINIEREN

## Moderne Didaktik und Methodik für ein effizientes Training

MEYER & MEYER VERLAG

**Fußball clever trainieren**

Bibliografische Information der Deutschen Nationalbibliothek

Die Deutsche Nationalbibliothek verzeichnet diese Publikation in der Deutschen Nationalbibliografie; detaillierte bibliografische Details sind im Internet über www.dnb.de abrufbar.



Auckland, Beirut, Dubai, Hägendorf, Hongkong, Indianapolis, Kairo, Kapstadt, Manila, Maidenhead, Neu-Delhi, Singapur, Sydney, Teheran, Wien

Member of the World Sport Publishers' Association (WSPA)

Gesamtherstellung: Print Consult GmbH, München

MIX Papier | Fördert gute Waldnutzung FSC® C084279

978-3-8403-7926-0

E-Mail: verlag@m-m-sports.com

www.dersportverlag.de

# INHALT

VORWORTE ........ 8

DANKSAGUNG ........ 10

EINLEITUNG ........ 11

1 DAS ANLIEGEN DES BUCHS ........ 12

1.1 Die Arbeit eines Fußballtrainers ........ 12

1.2 Hinter den Kulissen ........ 14

1.3 Zielgruppe des Buchs ........ 16

2 TRAINING ........ 17

3 INDIVIDUELLE BETRACHTUNGSWEISE ........ 20

3.1 Spielkompetenz ........ 21

3.2 Technisch-taktische Fertigkeiten ........ 23

3.2.1 Abwehrspieler ........ 25

3.2.2 Mittelfeldspieler ........ 27

3.2.3 Stürmer ........ 30

3.3 Athletische Fertigkeiten ........ 32

3.3.1 Ausdauer ........ 33

3.3.2 Schnelligkeit ........ 34

3.3.3 Kraft ........ 35

3.3.4 Spielintensität ........ 36

3.4 Kognitive Fertigkeiten ... 39

3.4.1 Wahrnehmung ... 40

3.4.2 Aufmerksamkeit ... 42

3.4.3 Antizipation ... 45

3.4.4 Entscheiden ... 47

3.4.5 Spielintelligenz ... 50

3.4.6 Spielkreativität ... 51

3.4.7 Intuition ... 51

3.5 Psychische Fertigkeiten ... 52

3.5.1 Selbstwirksamkeitserwartung ... 55

3.5.2 Copingstrategien ... 58

3.5.3 Willenskraft ... 60

3.5.4 Resilienz ... 62

3.5.5 Fokus ... 65

3.6 Vertiefung des Kapitels ... 66

4 INDIVIDUALISIERUNG ... 68

4.1 Was bedeutet Individualisierung im Fußball? ... 68

4.2 Warum wird eine Individualisierung gefordert? ... 69

5 MANNSCHAFTLICHE BETRACHTUNGSWEISE ... 73

5.1 Charakteristika der Mannschaft ... 74

5.2 Offensive Spielidee ... 75

5.3 Defensive Spielidee ... 77

6 DIDAKTIK .......... 80

6.1 Der Nutzen didaktischer Arbeit .......... 81

6.2 Didaktik im Fußball .......... 82

7 METHODIK .......... 85

7.1 Trainingsmethodik im Fußball .......... 85

7.2 Implizites Lernen .......... 88

7.3 Explizites Lernen .......... 88

7.4 Üben (analytisch) .......... 89

7.5 Spielen (ganzheitlich) .......... 90

7.6 Methodischer Werkzeugkoffer .......... 91

8 TRAININGSKONZEPTION .......... 94

8.1 Mesozyklus .......... 95

8.1.1 Mannschaftliche Betrachtung im Mesozyklus .......... 96

8.1.2 Individuelle Betrachtung im Mesozyklus .......... 99

8.2 Mikrozyklus .......... 106

8.3 Die einzelne Trainingseinheit .......... 110

9 SCHLUSSBETRACHTUNG .......... 133

ANHANG .......... 136

1 Abbildungsverzeichnis .......... 136

2 Literaturverzeichnis .......... 137

3 Bildnachweis .......... 140

# VORWORTE

## MARIE-LOUISE ETA

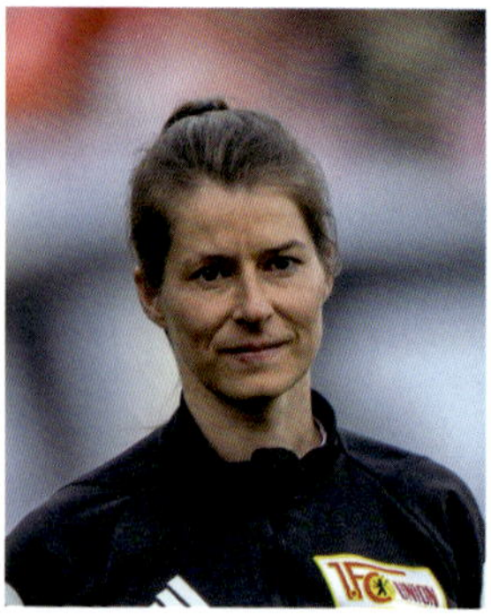

**Funktion:**
Co-Trainerin Union Berlin

So wie man trainiert, so spielt man.

Ein Satz, der mir schon in frühen Fußballtagen begegnet ist. Aber welche Herausforderungen, die ein Spiel mit sich bringt, bilden wir wirklich in unserer tagtäglichen Trainingswoche ab. Bringen wir die Spieler in spielnahe Situationen innerhalb unserer Trainingseinheiten? Bereiten wir die Spieler auch positionsspezifisch optimal auf die Anforderungen in einem Spiel vor?

In meinen ersten Jahren als Trainerin habe ich mir über das Training sicherlich Gedanken gemacht. Aber nicht immer die richtigen und vieles würde ich heute anders angehen. Ich habe meist auf Formen zurückgegriffen, die mir selbst als Spielerin Spaß gemacht und mich gefordert haben. Spaß und hohe Anforderungen im Training sind weiterhin Prinzipien, die für mich sehr wichtig sind. Heute mache ich mir über viel mehr Details Gedanken. Was will ich eigentlich trainieren? Wie baue ich das Training sinnvoll aufeinander auf? Wie kann ich Formen mit einzelnen Regeln, Feldgrößen, Spieleranzahlen inhaltlich erschweren, erleichtern oder anpassen. Wie findet das Coaching im Trainerteam statt, wer hat welche Aufgabe, welche Belastung wollen wir und wie machen wir jeden einzelnen durch das Training besser. Auch wenn die Zeit dafür auf absoluten Topbereich nicht immer gegeben ist und kurzfristig Ziele und vor allem Ergebnisse erreicht werden müssen, geht es im Training um die Entwicklung der einzelnen Spieler und der eigenen Spielidee.

Björn und ich kennen uns seit 2018. Wir arbeiteten zusammen im Leistungszentrum von Werder Bremen. Unsere Zusammenarbeit war immer von viel Vertrauen, Offenheit und Wertschätzung geprägt. Björn hat mich mit seinem enormen Wissen, smarten Fragen und seiner kritischen Auseinandersetzung mit Themen stets beeindruckt. Er schafft es, Ansätze in die

Praxis umzusetzen und umgekehrt. Der Austausch mit ihm hat mich damals schon besser gemacht und auch heute diskutieren wir häufig gemeinsam über die vielen Thematiken im Fußball. Ich freue mich ihn als Freund zu haben und ein kleiner Teil dieses Buches zu sein, das ich nur jedem ambitionierten Trainer sehr ans Herz legen kann.

## ROBERT KLAUß

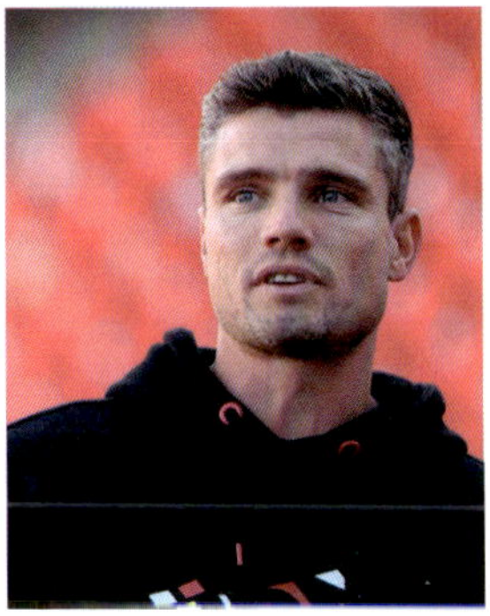

**Funktion:**
Cheftrainer beim österreichischen Bundesligisten Rapid Wien

Muss ein Training immer ein Abbild des Spiels sein? Kann ich Technik, Taktik und Athletik in einer Form zusammen trainieren? Sollten alle Spieler immer das Gleiche trainieren?

Diese und noch viele weitere Fragen stellen sich wohl viele Fußballtrainer auf den verschiedensten Niveaustufen. Auch mich als aktiver Trainer beschäftigen diese Dinge immer noch, obwohl ich mittlerweile viele Einheiten sowohl im Nachwuchs- als auch im Profibereich geleitet habe. Und mittlerweile lautet die wichtigste Frage für mich bei jedem Training: Was möchtest du mit dieser Einheit erreichen? Und wenn ich diese Frage für mich nicht zufriedenstellend beantworten kann, heißt der Auftrag eindeutig: „Plane das Training oder einzelne Teile noch einmal neu!"

Dabei gehe ich zumeist wie folgt vor. Der erste Aspekt dient immer als Ausgangspunkt. Eigene Fußballidee oder Vorbereitung auf den Gegner. Oftmals ist es natürlich auch eine Kombination aus beiden, da wir einzelne Teile unserer Spielidee verwenden, um sie für Lösungen gegen den Gegner zu nutzen. Der zweite Punkt ist immer die Spielphase, die wir trainieren wollen. Das hängt natürlich auch im wesentlichen Maße mit der lang- und mittelfristigen Periodisierung zusammen, aber oft auch mit dem kommenden Gegner. Ist die Spielphase (Spiel mit Ball, Umschalten nach Ballverlust, Spiel gegen den Ball, Umschalten nach Ballgewinn, Standards in Offensive oder Defensive) klar benannt, müssen im Anschluss Teilaspekte und Details klar definiert werden. Und abschließend, welche Verhaltensweisen soll meine Mannschaft, eine Spielergruppe oder einzelne Spieler in der jeweiligen Situation zeigen. Sind diese inhaltlichen Punkte geklärt und im Trainerteam besprochen, kann die Trainingseinheit organisatorisch geplant werden. Hier kommen dann Aspekte wie Belastungsparameter, Spieleranzahl, Spielfeldgrößen, Provokationsregeln etc. zum Tragen.

Ein Training wird für mich zu einem gelungenen Training, wenn ich die folgende Dinge auf dem Platz erkennen kann.

Treffen die Spieler eigenständig viele richtige Entscheidungen, die mit unserer Spielidee einhergehen? Ist dies der Fall, kann zumeist auch der inhaltliche Schwerpunkt umgesetzt werden. Hat die Gruppe eine positive Energie auf dem Platz? Das bedeutet für mich, dass die Spieler sich untereinander coachen, sich mit den Inhalten auseinandersetzen und trotzdem Spaß an den Trainingsformen haben.

Im Endeffekt geht es zusammengefasst sehr oft darum, dass die Spieler das, was ich mir als Trainer vorstelle und wünsche, mit Spaß und Freude auf dem Platz umsetzen. Klingt einfach, gelingt aber nicht immer.

# DANKSAGUNG

Im Laufe der letzten Jahre ist mir die Wichtigkeit der richtigen Menschen um mich herum immer bewusster geworden. Ohne das entsprechende Umfeld ist es schwierig, dauerhaft seine Ziele zu erreichen und dabei glücklich zu sein. In diesem Zusammenhang möchte ich mich in erster Linie bei meinen Eltern Sylja und Olaf sowie bei meinem Bruder Sönke bedanken. Bei uns wird Familie großgeschrieben. Danke für die jahrelange Unterstützung und das Vorleben von wichtigen Werten, die mich befähigt haben, dieses Buch zu schreiben.

Ich glaube an den Mehrwert von Bildung. Rückblickend waren aber die sozialen Interaktionen im Fußball meine wichtigsten Lehrmeister. Insofern möchte ich mich bei allen Weggefährten im Fußball bedanken, die ihren Teil dazu beigetragen haben, dass ich mich als Trainer und Mensch weiterentwickeln durfte. Voneinander zu lernen und aneinander zu wachsen, die Energien zu bündeln und mit aller Kraft gemeinsam nach Zielen zu streben, sind für mich die Gründe, weshalb ich dieses Spiel so liebe. Noch heute geben mir das Wiedersehen von „Fußballfreunden", Gratulationen zu Geburtstagen oder die spürbare Wertschätzung und Dankbarkeit für die gemeinsame Zeit emotional mindestens genauso viel wie zurückliegende Erfolge. Wenn ich so richtig in mich hineinfühle, wahrscheinlich sogar mehr. Fußball verbindet. Und das macht diesen Sport für mich so wertvoll.

Björn Bremermann

# EINLEITUNG

Der Fußball hat sich weiterentwickelt und mit ihm die Anforderungen an den Trainer.

Mit seiner Professionalisierung fließen zunehmend sportwissenschaftliche und psychologische Erkenntnisse ein, die Grundlage des vorliegenden Sachbuchs sind.

Als Fußballtrainer mit Erfahrungen aus einem Nachwuchsleistungszentrum und im Herrenregionalligafußball, als Lehrer und promovierender Sportwissenschaftler kann ich Kompetenzen aus unterschiedlichen Bereichen zusammenführen.

Entscheidend für den Spielerfolg ist eine strukturierte und nachhaltig angelegte Trainingsarbeit. Wie sieht eine Lernumgebung aus, die den einzelnen Spieler sowie die Mannschaft weiterentwickelt? Wie können didaktische Analysen die Trainingsarbeit deutlich verbessern? Wie funktionieren Lernprozesse im Gehirn und wie können sie bestmöglich genutzt werden?

Dieses Buch arbeitet das noch ungenutzte Potenzial in unserer Arbeit als Fußballtrainer heraus und motiviert zu neuen Denk- und Herangehensweisen.

# 1 DAS ANLIEGEN DES BUCHS

Immer wieder lässt sich im Fußball beobachten, wie sich die Massen von den Errungenschaften ihrer Mannschaften elektrisieren lassen. Die strukturierte und nachhaltig angelegte Trainingsarbeit ist dabei eine von mehreren Säulen, um am Wochenende erfolgreich sein zu können. Nie zuvor stand dabei das Fußballtraining derart im Fokus, wie es gegenwärtig der Fall ist.

Der Fußball erlebt momentan auf der Ebene des Trainings gar revolutionäre Züge. Die Spieleranzahl in den jüngsten Altersklassen soll drastisch reduziert werden, FUNiño wird sukzessive als Basisform im Training und Wettkampf eingeführt. Darüber hinaus rücken 4-gegen-4-Formate wieder vermehrt in den Mittelpunkt auf den deutschen Fußballplätzen. Auch die Trainerlizenzen wurden zuletzt auf den Kopf gestellt. Sämtliche Veränderungen sind Ausdruck des Optimierungsbedarfs im deutschen Fußball. Anscheinend wird in der Trainingspraxis ein Schlüssel zur Überwindung der aktuellen Defizite gesehen. Eine Ansicht, mit der ich mich gut identifizieren kann.

Mithilfe des vorliegenden Buches soll das notwendige didaktische und methodische Handwerkszeug offenbart werden, um nachhaltig die Qualität von Trainingsprozessen zu erhöhen.

Ich wünsche euch viel Spaß beim Lesen des Buches und spannende Inspirationen, um die „Massen" eurer Mannschaften zu elektrisieren!

## 1.1 DIE ARBEIT EINES FUßBALLTRAINERS

Dass der Beruf des Fußballtrainers sehr facettenreich ist, dürfte unumstritten sein. Neben der eigentlichen Kernarbeit auf dem Platz stehen weitere Tätigkeiten auf der täglichen Agenda eines Trainers im Leistungsfußball. Die strategische Planung im Zusammenspiel mit wichtigen Vereinsfunktionären, das Scouting von potenziellen Neuzugängen, die zunehmende Medienarbeit und die immer wichtiger werdende Führung von 26 Spielern – nur um einige einer endlos fortzuführenden Liste zu nennen.

Sämtliche Aufgaben stehen unter dem Dach der Leistungsoptimierung. Da dem Trainer bewusst sein dürfte, dass nicht jede Tätigkeit den gleichen Einfluss auf den Ausgang des Spiels hat, wird er sie entsprechend ihrer Wertigkeit priorisieren. Im Fokus sollte dabei die Kernarbeit stehen: das Training mit der Mannschaft. Viel zu oft fallen Telefonate oder Meetings zulasten einer sorgfältigen Trainingskonzeption. Dabei ist das Training der Hebel zur Entwicklung der Mannschaft und des einzelnen Spielers.

Warum gelingt es schließlich gewissen Trainern besser als anderen, die samstagnachmittags bei Sky vielmals zitierte Handschrift des Trainers zu implementieren oder einzelne Spieler auf ein höheres Level zu bringen? Erreicht er seine Spieler zwischenmenschlich eher als seine Kollegen auf der anderen Seite der Coachingzone? Passt er seine eigene Idee vom Fußball besser an das vorhandene Spielerpotenzial an? Oder kommt seine ausgefeilte Trainingskonzeption der letzten Wochen endlich zum Tragen?

Zwar dürfte eine monokausale Ursachenforschung der Komplexität der schönsten Nebensache der Welt nicht gerecht werden, es kann jedoch grundsätzlich festgehalten werden, dass Entwicklung in den seltenen Fällen linear ist und Zeit bedarf – ein im Leistungsfußball rar gesätes Gut. Die clevere Trainingskonzeption, in der methodisches und didaktisches Handwerkszeug zum Tragen kommen, ist ein zentrales Werkzeug eines Trainers, die Qualität des Spiels auf Strecke zu erhöhen. Im Fußball gibt es keine Garantie für Erfolg – die Wahrscheinlichkeit hierauf lässt sich aber durch gewisse Überlegungen erhöhen.

Wie oft hat man selbst als Spieler und Trainer Trainingseinheiten erlebt, in denen Übungen sinnlos aneinandergereiht worden sind, die nichts mit der eigenen Spielidee zu tun hatten? Hätte man die verantwortlichen Trainer nach den Gründen zur Auswahl der Übungen gefragt, wären vermutlich Aussagen wie „die habe ich als Spieler schon selbst gemacht" oder „hiermit habe ich im Laufe der Jahre gute Erfahrungen gesammelt" gekommen. Auch punktuell gute Ideen, die von Trainern immer mal wieder eingestreut wurden, wie das „Finden von Lösungen im letzten Drittel", blieben dauerhaft auf der Strecke, weil es an einer langfristigen Planung und Vermittlung mangelte. Der Anspruch von Spielern im Leistungsfußball an ihre Trainer darf es zu Recht sein, einer Lernumgebung ausgesetzt zu sein, in der ihre Entwicklung bestmöglich vorangetrieben wird.

Angesichts der Tatsache, dass Training aufgrund von vollgepackten Spielplänen als begrenzte Ressource betrachtet werden sollte, ist es umso wichtiger, die Zeit auf dem Platz effizient zu nutzen. Doch was zeichnen eine anregende Lernumgebung und effizientes Training überhaupt aus?

Hier kommt die Didaktik ins Spiel, die Kunst des Lehrens und Lernens. Im Fußball befasst sich die Didaktik mit der systematischen Auswahl und Organisation von Trainingsinhalten und der Gestaltung von Lernumgebungen. Mithilfe von didaktischen Analysen können konkrete Entwicklungsprozesse angestoßen werden.

Spätestens nach dem erneuten frühen Ausscheiden der deutschen Nationalmannschaft bei der Weltmeisterschaft 2022 entflammte eine öffentliche Diskussion und vermeintlich fehlende Kompetenzen der Spieler wurden schonungslos an den Pranger gestellt. Neun von elf Spielern, die im Gruppenspiel gegen Spanien bei der Weltmeisterschaft in Qatar in der Startelf standen, sind, Stand 01.07.2023, bereits mindestens einmal Champions-League-Sieger geworden. Im Zuge von Niederlagen zeigen scheinbar starke Emotionen ihre Wirkung und verschleiern unsere Analysefähigkeiten. Dass diese Spieler sowohl national als auch international aufgrund ihrer Fertigkeiten jedoch überdurchschnittlich viele Titel gewonnen haben, scheint bei der Analyse keine Rolle gespielt zu haben. Sowohl im Zuge des Erfolgs als auch im Zuge des Misserfolgs sollte präzise herausgearbeitet werden, welche Fertigkeiten der Spieler trainiert werden müssen, um die Wahrscheinlichkeit auf Erfolg zu erhöhen – Themen, mit denen sich die Didaktik befasst.

Nachdem die Trainingsinhalte systematisch festgelegt worden sind, gilt es im nächsten Schritt im Rahmen der Methodik Übungs- und Spielformen so zu konzipieren, dass ihr Lernpotenzial maximiert wird. Auf individueller Ebene geht es bei der Trainingskonzeption um eine nachhaltige und systematische Steigerung der Spielkompetenz (siehe 3.1). Die mannschaftliche Betrachtungsweise (siehe 5) zielt auf eine Verbesserung der gemeinsamen Spielidee.

Das vorliegende Buch bietet didaktisches und methodisches Handwerkszeug eines Trainers, damit er in seiner Kernarbeit, dem Training auf dem Platz, qualitativ hochwertig arbeiten kann.

## 1.2 HINTER DEN KULISSEN

Vermutlich wäre ich mit meinen rein biologischen Anlagen, ohne drei Kreuzbandrisse im selben Knie, im Optimalfall in der dritten Liga und im schlechtesten Fall in der sechsten Liga gelandet. Ich denke, das wäre für mich gesprochen eine realistische Einordnung des Rangs meines Potenzials als gesunder Spieler.

Meine Fußballausbildung begann beim SC Haßbergen und vollzog sich über den DFB-Stützpunkt Nienburg, den FC Verden 04 und den TSV Havelse. Nach den schweren Verletzungen entschied ich mich, dem Fußball als Trainer treu zu bleiben, und übernahm für zwei Jahre die U17 des SVBE Steimbke. Dem folgte mein erstes Jahr im Herrenfußball beim TUS Drakenburg, ehe ich für vier Jahre als Co-Trainer im Nachwuchs von Werder Bremen parallel zum Studium arbeitete. Im Jahr 2019 erwarb ich in Hennef die UEFA-A-Lizenz. Seit Sommer 2022 bin ich nun als Co-Trainer des Herrenregionalligisten TSV Havelse tätig.

In der retrospektiven Betrachtung meiner Spielerlaufbahn interessiert mich, welche Einflussfaktoren mir geholfen hätten, mich möglichst weit meinem persönlichen Leistungsmaximum zu nähern und komme dabei zu dem Entschluss: Entscheidend ist eine konstant hohe Trainingsqualität. In meiner Entwicklung als Spieler bin ich also schlichtweg von der Trainingskonzeption meiner Trainer abhängig. Insbesondere in den Zeiten, in denen das freie Spielen auf den Bolzplätzen keine so große Rolle mehr spielt.

Im Rahmen meiner Dissertation über den Einfluss der Persönlichkeit auf das Leistungsvermögen und den Karriereverlauf von Profifußballern betrachte ich insbesondere den Werdungsprozess von Menschen im Allgemeinen und Sportlern im Speziellen. Ein Verständnis hierfür hilft, die Entwicklung in die richtigen Bahnen zu lenken. Die Fragen hierzu sind allerdings komplex und werden nie vollumfänglich beantwortet werden können, aber ich möchte mich einer Antwort zumindest nähern. Alle Geheimnisse muss der Fußball auch nicht lüften – ein Hauch von Magie dieser fantastischen Sportart soll schließlich nicht verloren gehen.

Der Anlass diesen Fragen systematisch nachzugehen, war im Grunde die extreme Dominanz des FC Barcelona unter Pep Guardiola. Wie konnte es zu dieser außergewöhnlichen Qualität kommen? Warum sind Iniesta, Xavi und Busquets im Mittelfeld derart spielintelligent und ballsicher? Ist es einzig das Talent oder das perfekte Zusammentreffen von Talent im Sinne von biologischen Anlagen und gezielten Trainingsreizen? Wäre Iniesta der Spieler geworden, der er war, hätte er sowohl seine Zeit im Jugend- als auch im Herrenfußball bei Atlético Madrid verbracht?

Auf der Reise zum Verständnis für eine hohe Trainingsqualität habe ich mich von verschiedenen Trainern, Spielern und Wissenschaftlern inspirieren lassen. Unter anderem von Thomas Tuchel, der in seinem bekanntem „Rule-Breaker-Referat" offenbarte, sich bei der Trainingskonzeption an den Empfehlungen aus der Hirnforschung zu orientieren. Diesem Ansatz wurde vertiefend nachgegangen, sodass in das Buch auch Erkenntnisse aus den Neurowissenschaften eingeflossen sind.

Durch Hannes Wolfs Vortrag zur intuitiven Spielkompetenz beim Internationalen Trainerkongress 2022 in Dortmund wurde ein Prozess der Selbstreflexion ausgelöst. Er stellte folgende interessante These auf: „Immer, wenn wir uns für einen Trainingsinhalt entscheiden, entscheiden wir uns gegen einen anderen." Schließlich legen wir Trainer mehr oder weniger bewusst fest, in welchen Fertigkeiten wir unsere Spieler durch das Training verbessern wollen. Lasse ich primär Zweikämpfe schulen, verbessere ich meine Spieler insbesondere in der Keimzelle des Spiels. Dass hier allerdings weitere für das Spiel relevante Fertigkeiten, wie komplexe Wahrnehmungsprozesse, nur bedingt abgedeckt werden, sollte auch bedacht werden.

Ich ziehe im Fußball gerne den Vergleich zu universellen Grundlagen des Lernens. Einfach ausgedrückt sind wir Menschen ein komplexes Reiz-Reaktions-System. Die jeweiligen Reize führen zu einer spezifischen Anpassung. Und so ist es auch im Fußball. Aus einer Fülle von potenziellen Trainingsangeboten verkümmern die Fertigkeiten, die wenig Reizen ausgesetzt sind, während ich in den Bereichen besser werde, die ich gezielt trainiere. Nicht umsonst ist die Spielweise einer Mannschaft immer das Abbild der vorangegangenen Trainingspraxis.

Mein Anliegen ist es, die Sinne durch eine ganzheitliche und bewusste Trainingskonzeption zu schärfen, um die Spieler auf die Anforderungen des Leistungsfußballs optimal vorzubereiten. Als Trainer sollten wir uns die Frage stellen, welche Fertigkeiten hierfür vonnöten sind und ob wir sie über unsere Trainingsangebote abdecken. Die vorgeschlagene zyklische Planung kann Trainern helfen, ihre langfristige Trainingsarchitektur im Auge zu behalten. Sie beugt einer eindimensionalen Schulung von Fertigkeiten vor, damit möglicherweise eines Tages die Diskussionen um fehlende Mentalität, Positionsprofile und Intensitäten unserer Nationalspieler nachlassen.

## 1.3 ZIELGRUPPE DES BUCHS

Im zuvor beschriebenen Absatz dürfte mein Anliegen deutlich geworden sein, sich bewusst Gedanken über die inhaltliche Strukturierung des Trainings zu machen. Folglich wäre es inkonsequent, ein universelles Sachbuch für sämtliche Alters- und Leistungsklassen vorzulegen. Schließlich geht es im Amateurfußball um andere Inhalte als im Profifußball. Und auch im Ausbildungsfußball stehen in gewissen Altersklassen Themen auf der Tagesordnung, die in älteren Jahrgängen höchstens zur Geltung kommen, wenn mehrere Spiele in Folge verloren gegangen sind. Trotzdem darf man sich als Trainer nicht zu eitel sein, vermutliche Basics wie eine „offene Stellung" oder einen „Doppelpass verteidigen" auch in der U19 oder im Erwachsenenfußball zu thematisieren. Sie sind Grundsatzthemen im Fußball, die immer wiederkehren.

Das hinter der Konzeption steckende Prinzip, gezielt methodisch und didaktisch zu arbeiten, kann jedoch von allen Trainerkollegen verinnerlicht und übernommen werden - aber stets auf die eigene Zielgruppe angepasst. Ein Jugendtraining muss anders aussehen als ein Erwachsenentraining!

Fußball lässt sich mit einem unterschiedlichen Tiefgang bewerten und analysieren. Von den Stammtischparolen in den deutschen Kneipen bis hin zu hochkomplexen wissenschaftlichen Daten ist prinzipiell alles möglich, um den Fußball zu beleuchten. Ich versuche in den Kapiteln 3, 4 und 5, die Leistungskomponenten im Fußball ausdifferenziert darzustellen, sodass sie zur Orientierung für die Trainingsplanung herangezogen werden können.

Ambitionierte Trainer sollten sich hiermit auseinandersetzen. Folglich richtet sich dieses Buch vor allem an Trainer aus dem Leistungsfußball. Der Leistungsfußball unterliegt einer subjektiven Bewertung. Während er für manche Trainer in der Bezirksliga beginnt, fängt er für andere erst ab der Oberliga an. Eine exakte Einordnung ist an dieser Stelle gar nicht vonnöten. Grundsätzlich kann das vorliegende Buch nämlich allen Trainern helfen, die sich mit der gezielten Verbesserung der Leistungsfähigkeit ihrer Spieler und der gesamten Mannschaft befassen möchten.

Am Ende des Buches möchte ich die vorherigen theoretischen Ideen mit Leben füllen, indem ich eine praktische Trainingskonzeption vorstelle. Die didaktischen und methodischen Ansätze richten sich auf eine fiktive Mannschaft aus der Herrenregionalliga.

Mir ist bewusst, dass für eine bewusste Trainingskonzeption das notwendige Fingerspitzengefühl von Trainern in der Anpassung an die jeweiligen Charakteristika der eigenen Mannschaft und Liga hilfreich ist. Um meine dahintersteckenden Gedanken greifbar zu machen, wird die fiktive Mannschaft prägnant in Kapitel 5.1 beschrieben.

# 2 TRAINING

Die hinter dem Buch steckende Absicht, die Sinne für ein bewusstes und effizientes Training zu schärfen, führt dazu, dass „Training" als ein Entwicklungswerkzeug eines Trainers vorangestellt werden soll. Schließlich ist es das Training, durch das wir unsere Mannschaften und Spieler verbessern möchten. Doch warum betrachte ich es als so wichtig, dass ich dem Training ein eigenes Kapitel widmen möchte?

Während noch vor einigen Jahren primär nach den Erfahrungswerten und Konzepten ehemaliger Profifußballer trainiert wurde, haben Erkenntnisse aus verschiedenen wissenschaftlichen Strömungen das heutige Training grundlegend verändert. Früher war es üblich, dass Spieler nach ihrem Karriereende zügig in die Rolle des Trainers rutschten. Dabei haben sie nicht selten die Trainingsdidaktik und -methodik ihrer vorherigen Trainer übernommen. Heute erlebt man zunehmend eine Mischung aus Erfahrungswerten bei zeitgleichem Bestreben, das Training auf eine wissenschaftliche Basis zu stellen.

Sowohl damals als auch heute sind die Ziele des Trainings dieselben: Es zielt darauf ab, der Mannschaft zu höchstmöglichen Leistungen zu verhelfen. Im trainingswissenschaftlichen Diskurs wird häufig von einer Verbesserung der Leistungsfähigkeit gesprochen (vgl. Hohmann et al. 2014, S. 13 f.). Mit Blick auf den Fußball werden sich alle Trainer einig sein, dass sich die Leistungsfähigkeit einer Mannschaft aus mehreren Bausteinen zusammensetzt.

Während es in den unteren Klassen oftmals reicht, die Spieler physisch fit zu bekommen, damit sie sich einen Wettbewerbsvorteil in der Liga verschaffen können, sollte der Trainer mit steigender Spielklasse vermehrt den weiteren Bausteinen der Leistungsfähigkeit gerecht werden. So spielen neben den biologischen Anpassungsprozessen auch die Verbesserung der gemeinsamen Spielidee sowie eine individuelle Entwicklung der Spieler eine immer wichtigere Rolle. Je höher das Niveau, desto eher machen Details einen Unterschied.

Die Planung des Trainings im Leistungsfußball nimmt im Vergleich zu anderen Sportarten in der Komplexität enorm zu. Eine ganzheitliche und umfassende Betrachtung des Trainings soll sicherstellen, dass die einzelnen Bausteine der Leistungsfähigkeit abgedeckt werden.

Ich möchte hier aus der Praxis argumentieren, indem ich die Komponenten der Leistungsfähigkeit herunterbreche und dem Training somit eine Richtung geben kann. Grundsätzlich ist Fußball ein Mannschaftssport, der von der Individualität des einzelnen Spielers lebt. Immer dann, wenn eine nachhaltige Trainingskonzeption eine der beiden Perspektiven zu sehr aufgreift und dabei die andere vernachlässigt, entstehen Disbalancen, die sich früher oder später in den Ergebnissen einer Mannschaft widerspiegeln werden.

Paris Saint-Germain galt in den letzten Jahren mit den drei Offensivspielern Kylian Mbappé, Lionel Messi und Neymar individuell betrachtet als stärkste Vereinsmannschaft der Welt. Trotzdem hängt der Verein seit Jahren seinem großen Ziel – dem Gewinn des Champions-League-Titels – hinterher. Elf Spieler sind halt noch lange keine Mannschaft.

Bleiben wir beim Gewinn der Champions League als Gradmesser für höchsten Erfolg im Spitzenfußball und bewerten die Spielweise und individuelle Qualität von Atlético Madrid der letzten Jahre. Nicht selten wurde Atlético unter Diego Simeone als Paradebeispiel für ein kollektives Pressing und Umschaltspiel genannt. Hiermit konnte die Mannschaft auch das ein oder andere Ausrufezeichen in der Champions League setzen. Für den Titelgewinn reichte es allerdings nicht, obwohl Atlético 2014 ganz nah dran war. Im Vergleich mit den anderen Mannschaften hatte, bei all dem notwendigen Respekt für Diego Godin, Koke, Gabi oder Antoine Griezmann, der Kader auch weniger individuelle Klasse als die der CL-Sieger der letzten Jahre um Real Madrid, Bayern München und Manchester City.

Dieser Blickwinkel auf den Fußball macht deutlich, dass auf höchstem Niveau sowohl eine mannschaftliche als auch eine individuelle Betrachtungsweise unerlässlich ist. Eine Mannschaft ohne Teamgedanken, die nur darauf abzielt, ihre Einzelkönner in Szene zu setzen, wird genauso selten höchste Ziele erreichen wie eine funktionierende Mannschaft ohne individuelle Qualität.

Im Idealfall greifen beide Perspektiven ineinander und die gemeinsame Spielidee zielt darauf ab, die Stärken der einzelnen Spieler zur Geltung zu bringen.

So oder so – das Training sollte, je nach Altersklasse und Leistungsbereich, eine gesunde Dosierung finden, sowohl den **einzelnen Spieler** (siehe Kapitel 3 und 4) als auch **„die Mannschaft"** (siehe Kapitel 5) zu verbessern. Ich habe im Jugend- und im Herrenbereich gearbeitet. Das Verhältnis dieser beiden Perspektiven muss hier erkennbar zu unterscheiden sein. Gerade im Jugendfußball sollte die individuelle Qualität wieder vermehrt im Vordergrund stehen. Im Verlauf des Buches werden für diese Empfehlung stützende Argumente angeführt.

Da ich in dem Gedanken so viel Tiefgang spüre, möchte ich ihn noch mal betonen:

**Für mich ist das Leistungsvermögen von Mannschaften und Spielern immer ein Abbild des über einen längeren Zeitraum stattgefundenen Trainings.**

Im März 2023 durfte ich bei der U18-Nationalmannschaft von Deutschland hospitieren. Das Trainerteam legte in den Einheiten die Schwerpunkte, das Offensivspiel mit dem Rücken zum Tor und das Verteidigen von Flanken zu verbessern. Es ging also um eine Verbesserung von positionsspezifischen Verhaltensweisen. In der Einheit auf dem Platz, aber auch in der später stattgefundenen Videoanalyse des Trainings, konnten einige Defizite bei den Jungs festgestellt werden. Im gemeinsamen Gespräch kristallisierte sich heraus, dass dieses gezielte Trainieren von Details in ihren bisherigen „Trainingsbiografien" selten Bestandteil war. Wir sind somit wieder bei der vorherigen Aussage zum Zusammenhang zwischen dem Leistungsvermögen und der langfristigen Trainingskonzeption.

In Deutschland wurden die Spieler zuletzt zu oft ähnlichen Trainingsreizen ausgesetzt, die zu einem „Einheitsbrei" geführt haben. Das zurückliegende Training kann als einer von weiteren Erklärungsansätzen für mangelnde Mittelstürmer und Außenverteidiger herangezogen werden. Wir haben zwar viele Generalisten, allerdings fehlt es an Spezialisten, die das eigene Spiel facettenreicher machen könnten.

Die Antwort auf das Problem ist die Forderung nach höheren Anteilen von 4-gegen-4-Formen auf Tore. Über eine neue Trainingsphilosophie des DFB soll gegengesteuert werden. Interessant ist an der Tatsache, dass hier das Rad nicht neu erfunden wurde. 4 gegen 4 war schon immer der Klassiker auf dem Bolzplatz und auch stets ein Thema im Vereinsfußball. Allerdings sind durch den Entfall der Straßenspielkultur viele Bolzplätze nicht mehr derart besucht, wie sie es noch vor 20 Jahren zu meiner Kindheit waren. Auch der Anteil dieser Trainingsformen ist sicherlich in den letzten Jahren im Vereinsfußball durch die Priorisierung taktischer Elemente zurückgegangen.

Das dahintersteckende „Gesetz", dass die Leistungsfähigkeit immer ein Abbild der Trainingskonzeption ist, ist für mich der Grund, dass man sich im Fußball in Zyklen bewegt. Die eine Idee kommt, bleibt und wird dann durch vermeintlich neue Ansätze abgelöst – dem geschuldet, dass irgendwo Defizite festgestellt worden sind. Aus dem einfachen Grund, dass das Training der komplexen Leistungsstruktur des Spiels nicht gerecht wurde.

Wäre in den kommenden Jahren das 4 gegen 4 das stark dominierende Training auf den Fußballplätzen, würden sich viele positive Anpassungen des Trainings bemerkbar machen: eine hohe Anzahl an Wiederholungen von technischen Basisaktionen (Dribbeln, Passen, Schießen), ein gutes Zweikampfverhalten, eine hohe Spielintensität, eine ausgeprägte Wettkampfmentalität, um nur einige von diversen fußballrelevanten Anpassungserscheinungen des Trainings aufzuzählen. Auf der anderen Seite deckt das Format ein komplexes Entscheidungsverhalten, das beispielsweise im Spielaufbau benötigt wird, nur bedingt ab. Eine zu eindimensionale Trainingskonzeption kann letztlich mittel- und langfristig zu Problemen führen.

Ich hoffe, anhand meiner Ausführungen wird die Wichtigkeit eines guten Trainings bewusst und macht deutlich, warum ich es für zwingend notwendig erachte, direkt zu Beginn des Buches die Sinne hierfür zu schärfen. Möglicherweise gelingt es euch künftig sogar, aufgrund einer gesunden Dosierung den angesprochenen Zyklus zu durchbrechen, sodass es bei euch zu keiner Trainingsreform in einigen Jahren kommen muss.

Damit das klappt, versuche ich in den folgenden Kapiteln elementare Bausteine der Leistungsfähigkeit und ihre Trainierbarkeit zu erläutern. Fangen wir mit der Sicht auf den einzelnen Spieler an.

# 3 INDIVIDUELLE BETRACHTUNGSWEISE

Als Trainer sollten wir uns die Frage stellen, ob wir mit unserem Training primär individuelle Fertigkeiten der Spieler oder das abgestimmte mannschaftliche Verhalten in einzelnen Spielphasen verbessern möchten. Mir ist bewusst, dass das eine das andere nicht ausschließt und die Übergänge fließend sind. Natürlich können wir das Abwehrpressing mit unserer Mannschaft trainieren und dabei einen beiläufigen Lerneffekt unseres Außenverteidigers im individuellen Zweikampfverhalten erzielen. Aus eigenen Erfahrungen als Trainer rate ich dazu, gezielt Schwerpunkte zu benennen und zu trainieren. Dies führt einerseits dazu, dass das relevante Verhalten in Häufigkeit provoziert wird. Andererseits schärft es das Bewusstsein und damit den Lerneffekt der Spieler.

In diesem Kapitel wird eine individuelle Betrachtungsweise eingenommen, indem einzelne spielrelevante Fertigkeiten identifiziert und seziert werden. Es hat sich der Blick im Training zuletzt sehr auf mannschafts- und gruppentaktische Prozesse verschoben. Was nützen ein guter Spielaufbau und ein gutes Übergangsspiel, wenn vorne ein Stürmer fehlt, der Angriffe vollenden kann?

Was nützen gute Abläufe im Pressing, wenn der Innenverteidiger bei Flanken immer „alt aussieht"? Im Austausch mit Trainerkollegen, die in den höchsten Jugendfußballklassen arbeiten, kristallisiert sich vermehrt die Erkenntnis heraus, dass es sich im Nachwuchs um den genannten „Einheitsbrei" handeln würde. Mit Blick auf die fehlenden Positionsprofile der Nationalmannschaft könnte man der These zustimmen. Wo sind die Außenverteidiger, die eine hohe Quote im Defensivzweikampf aufweisen und zudem stets für Gefahr durch ihren Offensivdrang und ihre gute Flankentechnik sorgen?

Ist es als Stürmer wichtig, ein gutes Pressing betreiben zu können? Oder zwischen den Linien für ein Überzahlspiel zu sorgen? Nice to have – ich möchte diese Fertigkeiten nicht schmälern. In erster Linie vertrete ich die Auffassung, dass ein Spieler je nach Positionsgruppe eine unverhandelbare Kompetenz besitzen muss. Um es einfach auszudrücken: Ja, ein Stürmer muss zuerst den Ball über die Linie drücken können. Genauso muss ein Verteidiger zunächst den Stürmer darin hindern, Tore zu schießen.

Alles andere ist Bonus und hier trennt sich dann irgendwann die Spreu vom Weizen. Natürlich bringen Leistungsfußballer eine hohe Ausprägung für solche spezifischen Fertigkeiten mit. Sie können aber nur vollumfänglich zur Geltung gebracht werden, wenn sie einen regelmäßigen Reiz im Training erhalten.

Damit eine gezielte Ansteuerung individueller Fertigkeiten stattfinden kann, stelle ich im Folgenden die für das Spiel relevanten Fertigkeiten vor.

## 3.1 SPIELKOMPETENZ

So gerne wir Trainer am Rand oftmals aktiv eingreifen würden, um es selbst „besser zu machen", so ehrlich müssen wir uns eingestehen, dass Fußball auf diesem Niveau von den Spielern gespielt wird - und zwar in einer Geschwindigkeit, in der den Spielern vielfältige Fertigkeiten abverlangt werden.

Das Beruhigende ist, dass wir unsere Mannschaft nicht komplett auf sich allein gestellt auf den Platz lassen müssen. Schließlich haben wir einen gewissen Anteil daran, mit welchen Kompetenzen wir unsere Mannschaft am Wochenende in das Rennen um drei Punkte schicken. Wir müssen uns also die berechtigte Frage stellen, ob wir unseren Spielern durch unsere Trainingsangebote im Optimalfall ein besseres Rüstzeug mit an die Hand geben als unsere Kontrahenten.

Wir alle sehnen uns nach mündigen Spielern, die imstande sind, unsere vorgegebene Spielidee eigenständig umzusetzen. Doch welche Fertigkeiten werden überhaupt benötigt, damit Spieler im Leistungsfußball intuitiv - und ich werfe den Begriff der Intuition (siehe 3.4.7) bewusst schon an dieser Stelle ein - Spielsituationen im Sinne unserer Philosophie lösen können?

In dem Kapitel habe ich mich bewusst dafür entschieden, punktuell wissenschaftliche Literatur einfließen zu lassen. Sicherlich trägt das nicht immer zu einem besseren Lesefluss bei, hierdurch gewährleiste ich jedoch eine höhere Fachlichkeit.

Unter Spielkompetenz werden die kumulativen zur Verfügung stehenden Fähigkeiten und Fertigkeiten verstanden, die Spieler in die Lage versetzen, ein Spiel zu verstehen, zu beherrschen und erfolgreich darin zu agieren. Sie sind sportartspezifisch und unterscheiden sich somit von den Fähigkeiten und Fertigkeiten, die bei der Ausübung anderer Spielsportarten relevant sind. Zudem sind sie durch regelmäßiges Durchleben von ähnlichen Situationen trainierbar (vgl. Reinders et al. 2018, S. 15 f.).

Grundsätzlich ist es aufgrund der Komplexität des Spiels schwierig, sämtliche Fertigkeiten zu sezieren. Es ist auch nicht mein Anspruch, ein vollumfängliches Modell zu entwerfen. Vielmehr geht es mir darum, weitere Trainer dafür zu sensibilisieren, sich bewusst zu machen, wie sich die Leistungsstruktur des Fußballs zusammensetzt.

In diesem Kapitel verfolge ich das Ziel, leistungsrelevante Fertigkeiten vorzustellen, welche in der Gesamtheit die Spielkompetenz eines Spielers abbilden. Erst auf der Basis der Spielkompetenz lassen sich didaktisch begründete Handlungsempfehlungen für das Training geben.

Was braucht es also entsprechend der Definition zur Spielkompetenz, um ein Sportspiel zu verstehen und zu beherrschen, damit man letztlich erfolgreich darin agieren kann?

Aktionen im Fußball sind immer das Resultat von ineinandergreifenden Fertigkeiten. In sämtlichen Spielsituationen müssen Spieler basierend auf kognitiven Fertigkeiten eine Entscheidung treffen (siehe 3.4). Damit die getroffene Entscheidung umgesetzt werden kann, bedarf es einer technischen Lösung (siehe 3.2) wie ein Dribbling, Passspiel oder einen Torabschluss. Sind die athletischen Voraussetzungen (siehe 3.3) allerdings nicht gut, wird dem Spieler eine gute Technik und Entscheidungsfindung wenig helfen. Darüber hinaus nehmen auch die psychischen Fertigkeiten (siehe 3.5) Einfluss auf die Aktion.

*Kochen beispielsweise aufgrund von fehlerhaften Schiedsrichterleistungen die Emotionen über und ein Spieler ist nicht imstande, sie zu regulieren, dürfte es ihm schwerfallen, kreative Lösungen zu finden. Analog hierzu können Spieler mit beschränkten athletischen Fertigkeiten nicht gänzlich von ihrer brillanten Technik im Fintieren profitieren, da es ihnen oftmals nicht gelingen wird, den gegnerischen Verteidiger abzuschütteln.*

Hieraus ergibt sich die Schlussfolgerung, dass die Spielkompetenz im Fußball aus dem Zusammenspiel verschiedener Fertigkeiten resultiert und eine isolierte Betrachtung der Komponenten wenig Sinn ergibt. Dieser Umstand wird später in der Methodik (siehe Kapitel 7) vertiefend aufgegriffen.

Prinzipiell ist es schwierig, die Wertigkeit einzelner Leistungsfaktoren exakt zu benennen und entsprechend zu priorisieren. Meinen Erfahrungen als Trainer zufolge sind die Gründe von Spielkompetenz aber vor allem in den kognitiven und positionsspezifischen technisch-taktischen Fertigkeiten zu finden - was nicht bedeutet, dass die psychischen und physischen Fertigkeiten keine Beachtung finden sollten. Ich glaube, dass insbesondere in den psychischen Fertigkeiten noch viele unausgeschöpfte Potenziale schlummern und der Fußball sich in den nächsten Jahren dieser Perspektive zwangsläufig öffnen wird.

Mit dieser Denkweise möchte ich die positionsspezifischen technisch-taktischen sowie die kognitiven Fertigkeiten in den Vordergrund stellen und diese schwerpunktmäßig im vorliegenden Buch betrachten.

Die Spielkompetenz von Spielern dient als Ausgangspunkt für das Training. Mit steigender individueller Leistung eines einzelnen Spielers nimmt automatisch die Qualität der Mannschaft zu - ein erstrebenswertes Ziel.

Aus welchen einzelnen Fertigkeiten setzt sich die fußballerische Spielkompetenz nun eigentlich zusammen?

## 3.2 TECHNISCH-TAKTISCHE FERTIGKEITEN

Das erfolgreiche Lösen von Spielsituationen hängt maßgeblich von den technisch-taktischen Fertigkeiten der Spieler ab und sollte daher essenzieller Bestandteil des Trainings sein. Spieler mit Weltklasseniveau machen deutlich, wie wichtig es ist, positionsspezifische Techniken und Taktiken zu beherrschen. Natürlich ist die Vorstellung erfüllend, Spieler in den eigenen Reihen zu haben, die positionsübergreifende Fertigkeiten haben und nahezu das gesamte Repertoire an Techniken und Taktiken beherrschen. Allerdings handelt es sich hierbei um rar gesäte Spieler wie Kevin De Bruyne oder Lionel Messi, die oftmals im obersten Regal zu finden sind. Das grundsätzliche Anforderungsprofil von technischen und taktischen Fertigkeiten leitet sich aus dem großen Spiel ab. Innenverteidiger brauchen ein anderes Werkzeug im Spiel mit und gegen den Ball als ein Außenstürmer.

In Zeiten, in denen manche Trainer Spieler von etatmäßigen auf ungewohnte Positionen rücken, stellt sich die Frage, ob anstelle von Positionen nicht lieber von Räumen und ihren Anforderungen gesprochen werden sollte. Neben den prominentesten Beispielen von Guardiolas ins Zentrum eingerückten Außenverteidigern lässt sich auch bei Tim Walters trainierten Mannschaften erkennen, dass sich seine Innenverteidiger oftmals in den eigentlich typischen Sechserräumen positionieren. Die nach wie vor vorherrschende Denkweise geht von Positionen aus – dem in der Strukturierung des Kapitels nachgegangen werden soll. Der kleine Exkurs zu den Räumen darf allerdings zum Nachdenken anregen, ob Spieler auch das notwendige Fertigkeitsprofil mit sich bringen sollten, damit sie sich erfolgreich in nicht für die Position klassischen Räumen bewegen können.

*Im Spielaufbau soll sich ein 6er in die dynamische 3er-Kette fallen lassen, sodass die Außenverteidiger und die Außenstürmer in die Halbräume hochschieben. Können die etatmäßigen Flügelspieler zwischen den Linien spielen und verfügen die nun offensiveren Außenverteidiger über das notwendige Rüstzeug für das Flügelspiel, wie beispielsweise ein offensives 1 gegen 1?*

Die Position bedeutet zunächst nur die Lokalisation des Spielers auf dem Spielfeld. In der Geschichte des Fußballs lassen sich zahlreiche Beispiele finden, wie verschiedene Spielercharaktere dieselbe Position unterschiedlich interpretierten – und dennoch als Unterschiedsspieler galten. An dieser Stelle einen Leitfaden zu konzipieren, wie gewisse Positionen trainiert werden sollten, dürfte daher ein Trugschluss sein.

*Max Kruse hatte in seiner Rolle als nomineller Mittelstürmer in der Zeit von 2017-2019 eine tragende Rolle für Werder Bremen und galt zu dem Zeitpunkt als einer der stärksten zentralen Stürmer der Bundesliga. Er brachte einen ganz anderen Werkzeugkoffer als beispielsweise Timo Werner mit.*

*Trotzdem wurden beide Mittelstürmer von den anderen Mannschaften aus der Liga gefürchtet. Sicherlich wurden in der gegnerischen vorbereitenden Videoanalyse Maßnahmen besprochen, wie man ihre offensiven Waffen verteidigen könne.*

Aufgrund der Weiterentwicklung des Spiels auf höchstem Niveau sind die Anforderungen an die Spieler komplexer geworden. Um auf einem gewissen Level eine Daseinsberechtigung zu haben, müssen die Spieler polyvalent sein - also ein breites Spektrum an technischen und taktischen Fertigkeiten haben. Diese Denkweise ist absolut richtig, birgt allerdings die Gefahr, dass der Fokus auf besondere Fertigkeiten verloren geht. Dabei sind es genau diese Fertigkeiten, die Spieler besonders machen und einer Mannschaft einen unverwechselbaren Charakter verleihen.

*Denkt man beispielsweise an Arjen Robben zurück, wird man sich sofort an sein gefürchtetes Tempodribbling nach innen mit anschließendem Torschuss erinnern - nicht etwa daran, wie gut oder schlecht er im Passspiel war.*

Zuletzt werden auf einzelnen Positionen wieder Spezialisten schmerzlich vermisst. Das von ihren Trainern einst praktizierte Training hat ihnen anscheinend nicht den Rahmen gegeben, sich zu Spezialisten zu entwickeln. Spieler müssen wiederkehrende Spielsituationen auf ihren Positionen lösen und brauchen dafür ein spezielles Repertoire an technisch-taktischen Fertigkeiten. Ein zentraler Stümer muss in erster Linie Tore schießen können - und das konnte, neben der Fertigkeit Bälle hervorragend mit dem Rücken zum Tor festzumachen und sich in engen Räumen geschickt aufzudrehen, auch Max Kruse. In der Saison 2016/2017 schoss er in 23 Spielen für den lange abstiegsbedrohten SV Werder Bremen 15 Tore.

Abschlussqualitäten sind nun einmal unverhandelbare Kompetenzen eines Stürmers. Geht seine Torquote herunter, fehlen ihm irgendwann die Argumente für einen Starteinsatz. Im Fußball gibt es auf den jeweiligen Positionen unverhandelbare Kompetenzen, die beherrscht werden müssen. Der Kompetenzbegriff wurde bereits erläutert. Er setzt sich aus mehreren Bausteinen zusammen - unter anderem aus den technisch-taktischen Fertigkeiten der Spieler, die in dem Kapitel relevant sein werden.

Neben den unverhandelbaren Kompetenzen sind weitere Fertigkeiten Bonuspunkte, die dann irgendwann den Unterschied ausmachen, ob ein Spieler bei einem guten oder mittelklassigen Bundesligisten spielt. Um es erst mal dorthin zu schaffen, muss er zunächst die für seine Position geltenden Anforderungen erfüllen. Inwiefern sie auf einigen Positionen wichtiger sind als auf anderen, wird auf den Seiten zu den einzelnen Positionen erläutert.

Obwohl Spieler einen Hauch von Polyvalenz mitbringen müssen, nehmen die unverhandelbaren positionsspezifischen Kompetenzen in dem Kapitel eine tragende Rolle ein. In der Einleitung des Kapitels wurde dargestellt, dass Positionen unterschiedlich interpretiert werden und dennoch zielführend sein können. Die weiteren technisch-taktischen Fertigkeiten dieser Positionen werden hier ebenfalls dargestellt. Eure Aufgabe als Trainer ist es dann genau hinzuschauen, welche Spieler über welche technisch-taktischen Fertigkeiten verfügen und inwiefern sie Bestandteil eurer Spielidee sind.

*Hat euer Mittelstürmer eher eine tiefe und bindende Funktion im Spielaufbau und muss primär Bälle im Spiel mit dem Rücken zum Tor festmachen und ablegen? Oder wird er vermehrt zwischen den Linien gesucht, weil er sich dort intelligent aufdrehen kann?*

Es gibt unterschiedliche Klassifizierungssysteme von Positionen im Fußball. Die Übergänge hierzu sind fließend und unterscheiden sich nur in Nuancen. Da in diesem Buch ohnehin schon versucht wird, die Komplexität des Spiels bestmöglich abzudecken, soll die Klassifizierung hier nicht noch unnötig verkompliziert werden.

Wenn zuvor von unverhandelbaren positionsspezifischen Kompetenzen geschrieben wurde, fallen hierunter natürlich neben den technisch-taktischen auch die kognitiven, athletischen und psychischen Fertigkeiten. Ein Innenverteidiger benötigt beispielsweise eine gewisse Grundschnelligkeit (siehe 3.3.2) und einen hohen Fokus (siehe 3.5.5). Schließlich führt er oft das entscheidende Duell. Nach ihm kann nur noch der Torwart retten.

Im Folgenden geht es jedoch lediglich um die notwendigen technischen und taktischen Fertigkeiten der einzelnen Positionen. Aus taktischer Sicht geht es im Zuge der individuellen Betrachtungsweise nur um Individualtaktiken. Gruppen- und Mannschaftstaktiken sind an dieser Stelle irrelevant.

## 3.2.1 ABWEHRSPIELER

Die Abwehrspieler lassen sich grundsätzlich anhand von Innen- und Außenverteidigern auseinanderhalten. Dabei soll nicht unterschieden werden, ob es sich um Spieler in einer Dreier-, Fünfer- oder Viererkette handelt. Wenngleich sich das Anforderungsprofil der Spieler in den unterschiedlichen Grundordnungen schon ein wenig verschiebt.

### 3.2.1.1 INNENVERTEIDIGER

Betrachtet man die Entwicklung der einzelnen Positionen im Fußball, so lässt sich eine wesentliche Veränderung im Offensivspiel auf der Innenverteidigerposition feststellen. Während früher oftmals der 10er der Mannschaft für die Angriffsentwicklung verantwortlich gemacht wurde, ist heutzutage der moderne Innenverteidiger im Spielaufbau wesentlich involvierter. Doch zählen diese Positionstechniken auf dieser Position zur unverhandelbaren Kompetenz eines Innenverteidigers? Und wer legt das überhaupt fest? Ich möchte meine Auffassung darüber mit einem Argument bekräftigen. Für mich sind sie wichtig – gerade in einer Mannschaft, die einen Kombinationsfußball spielen möchte. Allerdings gibt es wichtigere. Nämlich das Abwehrverhalten. Spiele ich als Innenverteidiger hervorragende flache Pässe ins Mittelfeld und setze somit meine Mitspieler gut in Szene, bedeutet das noch keinen Torerfolg. Es müssten noch weitere Aktionen folgen, ehe der Ball dann hoffentlich im gegnerischen Netz zappelt. Auf der anderen Seite bedeutet ein unzulängliches Zweikampfverhalten viel eher unmittelbare Torgefahr für die eigene Mannschaft.

Aus dieser Denkweise leite ich folgendes Prinzip in der Bewertung von Spielern ab:

***Je näher ich am eigenen Tor spiele, desto unverhandelbarer ist meine Defensivkompetenz.***

Zu den unverhandelbaren Kompetenzen zählen aus technisch-taktischer Sicht folgende Fertigkeiten:

- 1 gegen 1 im Rücken des geschlossen stehenden Angreifers,
- 1 gegen 1 gegen einen offen stehenden Angreifer im Zentrum,
- Verteidigen in der Box (Zuordnung, Durchsetzungsvermögen, Defensivkopfball),
- Stellungsspiel (Raumkontrolle, Tiefe verteidigen).

Beherrschen Innenverteidiger diese Grundsituationen, haben sie einen hohen Mehrwert für eine Mannschaft und nähern sich wieder den vermissten Spezialisten.

Ein Fußballspiel lässt sich jedoch nicht nur auf diese Defensivaktionen reduzieren. Innenverteidiger sollten darüber hinaus weitere technisch-taktische Fertigkeiten beherrschen, die ich etwas weniger priorisieren würde:

- Ballan- und -mitnahme flacher Zuspiele in die Tiefe,
- Andribbeln,
- kurz- und weiträumiges flaches Passspiel,
- vertikale und diagonale Flugbälle,
- Defensivkopfball außerhalb der Box nach langen Bällen des Gegners.

Es könnte argumentiert werden, dass die Entscheidungsfindung im Spielaufbau (siehe 3.4.4) im technisch-taktischen Fertigkeitsprofil fehlen würde. Selbstverständlich ist sie ein zentraler Bestandteil der Spielkompetenz - sie wird allerdings erst im Kapitel 3.4 ausführlich berücksichtigt.

#### 3.2.1.2 AUSSENVERTEIDIGER

Auch mit Blick auf das Profil des Außenverteidigers soll an dem Ideal des „guten Verteidigens" festgehalten werden. Schließlich agiert er im Defensivspiel auch nahe zum eigenen Tor - allerdings primär am Flügel, an dem sich bekanntlich kein Tor befindet. Demnach ist sein Defensivspiel ebenfalls wichtig. Jedoch nicht ganz so entscheidend wie das des Innenverteidigers. Da viele Mannschaften sich dafür entscheiden, das Zentrum eng und kompakt zu halten, entstehen vermehrt am Flügel bespielbare Räume. Außenverteidiger müssen sie verteidigen können, um den Gegner nicht in die torgefährlichen Räume kommen zu lassen. Die Ausgangssituation des Außenverteidigers im Zweikampfverhalten unterscheidet sich hier von der des Innenverteidigers.

Ich halte das Beherrschen dieser Grundsituation für elementar, weshalb ich sie als Bestandteil der unverhandelbaren Kompetenz des Außenverteidigers erachte:

- 1 gegen 1 am Flügel gegen einen offen stehenden Angreifer (kurze und weite Distanz),
- 1 gegen 1 am Flügel gegen einen halboffen/geschlossen stehenden Angreifer (kurze Distanz),
- Verteidigen in der Box (Zuordnung, Durchsetzungsvermögen, Defensivkopfball).

Ballferne Außenverteidiger müssen in Häufigkeit bei Flanken einrücken und den Strafraum verteidigen können. Wird die gegnerische Flanke präzise geschlagen, nützen mir meine kopfballstarken Innenverteidiger herzlich wenig, wenn der Außenverteidiger immer das entscheidende Duell verliert. Aus diesem Grund wird auch das Verteidigen in der Box als unverhandelbar betrachtet.

Die Frage, ob ein Offensivdrang von Außenverteidigern als unverhandelbar gilt, hängt von der Spielweise der Mannschaft ab. Da der Offensivdrang nur für spezielle Mannschaften gilt, wie etwa im Fall von Dani Alves bei Barcelona, zählt er für mich nicht zu den unverhandelbaren Kompetenzen des Außenverteidigers. Die Aussage soll den Wert offensiver Qualitäten von Außenverteidigern jedoch nicht schmälern. Sie gehören zum technisch-taktischen Profil dieser Position. Für mich sind sie kein Ausschlusskriterium. Deutschland wurde schließlich 2014 mit Höwedes als linker Verteidiger auch Weltmeister.

Der Offensivdrang befähigt den Außenverteidiger, einer Mannschaft mehrere Optionen zu geben. Ist er gar nicht vorhanden, steht mir aus Sicht des Spielers nur eine ausgewählte Nische an Mannschaften zur Verfügung. Das könnte beispielsweise eine Sonderrolle in defensiv denkenden Mannschaften sein. Oder in einem Turnierformat, in dem das Nichtvorhandensein der genannten unverhandelbaren technisch-taktischen Fertigkeiten das Aus einer Mannschaft bedeuten kann. Jogi Löw wusste diese Stärken von Höwedes anscheinend zu schätzen.

Weitere, wichtige Attribute des Außenverteidigers:

» Flankenspiel,
» offensives 1 gegen 1,
» erster Kontakt nach hohen und flachen Zuspielen,
» Tempodribbling,
» Stellungsspiel.

### 3.2.2 MITTELFELDSPIELER

Die Mittelfeldspieler werden an dieser Stelle in zentrale defensive und zentrale offensive Mittelfeldspieler unterschieden. Der klassische Außenspieler wird unter den Stürmern aufgeführt. Zuvor wurde argumentiert, dass mit steigender Tornähe vermehrt Spezialisten gefordert werden. Im Mittelfeld lassen sich auch wiederkehrende Spielsituationen finden, die erfolgsstabil gelöst werden müssen. Allerdings haben sie aufgrund der größeren Torentfernung einen etwas geringeren unmittelbaren Einfluss auf die Torerzielung bzw. Torverhinderung. Das Anforderungsprofil von zentralen Mittelfeldspielern ist dafür vielfältiger. Neben kurzen und weiträumigen Pässen, zählen auch 1-gegen-1-Situationen, das Kopfballspiel, der Torschuss oder beispielsweise Halbfeldflanken zum Repertoire dieser Positionen. Außenverteidiger werden tendenziell seltener Flugbälle spielen und Innenverteidiger kommen auch nicht oft in die Situation, auf das Tor des Gegners zu schießen. Zentrale Mittelfeldspieler allerdings schon.

In der Konsequenz rückt das Ideal von Spezialisten und unverhandelbaren Kompetenzen auf diesen Positionen vermehrt in den Hintergrund. Allrounder/Generalisten sind hier eher gefragt.

Im Spitzenfußball lassen sich Spieler finden, die spezielle Rollen im zentralen Mittelfeld erfüllen bzw. erfüllt haben. Der Italiener Genaro Gattuso war für seine unverwechselbare, harte Zweikampfführung gefürchtet. Ist so eine Stärke derart ausgeprägt und handelt es sich dabei um eine echte Waffe, sehen viele Trainer über Defizite beispielsweise im Spielaufbau hinweg. Allerdings muss es sich dann schon um eine ausgeprägte Stärke auf dieser Position handeln, deren Schwächen von einem komplementären Spielertypen aufgefangen werden.

Die Entwicklung des Spiels erfordert auf hohem Niveau nämlich eine gewisse Vielseitigkeit auf dieser Position. Betrachtet man von den momentanen Topmannschaften die zentralen Spieler, wird man kaum noch eindimensional einsetzbare Spieler, wie Gattuso es einst war, entdecken. Kimmich, Rodri, Rice, Modric ... sie alle können sowohl offensiv als auch defensiv wichtige Akzente setzen.

### 3.2.2.1 DEFENSIVE ZENTRALE MITTELFELDSPIELER

Der zentrale defensive Mittelfeldspieler zeichnet sich durch die stärkere Anbindung zur eigenen Abwehrkette aus. Das hat die Konsequenz, dass er im Defensivspiel eine wichtigere Rolle einnimmt und im Spielaufbau die kürzere und somit oftmals leichtere Passoption darstellt. In der Ausbildung und Weiterentwicklung von Spielern auf dieser Position sollten technisch-taktische Fertigkeiten priorisiert werden, die in Häufigkeit vorkommen. Natürlich passiert es schon einmal, dass der zentrale defensive Mittelfeldspieler sich am Flügel für eine Spielverlagerung anbietet und in der Folge eine Halbfeldflanke schlägt. Dann ist es gut, wenn er über die notwendige Technik verfügt - allerdings gibt es im Spiel wichtigere Fertigkeiten dieser Position.

In der Bewertung von Spielern stellt sich die Frage, ob es hier auch unverhandelbare Kompetenzen gibt, die Spieler im zentralen Mittelfeld mitbringen müssen. Aufgrund des breitgefächerten Profils dieser Position bevorzuge ich den Begriff der „Kernkompetenzen", welche im Folgenden aufgelistet werden. Er impliziert ebenfalls eine Wichtigkeit, stellt anders als die unverhandelbaren Kompetenzen jedoch kein „Ausschlusskriterium" dar. Im mannschaftlichen Kontext muss bei den unterschiedlichen Spielerprofilen grundsätzlich die Spielweise der Mannschaft und die Ergänzung durch andere Spieler mitberücksichtigt werden.

**Technisch-taktische Bestandteile der Kernkompetenzen des zentralen defensiven Mittelfeldspielers:**

- 1 gegen 1 im Rücken des geschlossen stehenden Angreifers,
- 1 gegen 1 gegen einen offen stehenden Angreifer im Zentrum,
- Ballan- und -mitnahme von flachen Pässen aus einer offenen, halboffenen und geschlossenen Stellung,
- kurz- und weiträumiges flaches Passspiel,
- vertikale und diagonale Flugbälle,
- Abwehrkopfball,
- Stellungsspiel (defensiv),
- Positionierungsspiel (offensiv).

Weitere technisch-taktische Fertigkeiten dieser Position führen zu einer Schärfung des Profils. Sie machen den zentralen defensiven Mittelfeldspieler aufgrund seiner damit einhergehenden polyvalenten Spielweise interessanter für eine Mannschaft:

» Torabschluss,
» Offensivkopfball,
» Pressingresistenz,
» Halbfeldflanken,
» Tiefenläufe,
» Chipbälle.

### 3.2.2.2 Offensive zentrale Mittelfeldspieler

Entsprechend der Differenzierung zwischen defensiven und offensiven zentralen Mittelfeldspielern rücken auf dieser Position insbesondere die offensiven Qualitäten der Spieler in den Fokus. Im modernen Fußball müssen offensive Spieler selbstverständlich auch am kollektiven Defensivspiel der Mannschaft teilnehmen können. Analog zu den Verteidigern, die in erster Linie Tore verhindern müssen, sollen die Offensivspieler jedoch primär das Angriffsspiel ihrer Mannschaft beleben können. Auch hierfür stehen wieder unterschiedlichste technisch-taktische Fertigkeiten zur Verfügung.

Die Räume, in denen sie sich im Offensivspiel bewegen, sind oftmals kleiner als die des zentralen defensiven Mittelfeldspielers. Folglich herrscht hier ein erhöhter Zeit- und Gegnerdruck. Die Spieler müssen hier über eine hohe Handlungsschnelligkeit und eine präzise Technik verfügen. Konsequenterweise verändert sich auch das Anforderungsprofil auf dieser Position.

Blickt man auf die Transfersummen der letzten Jahre im Weltfußball, kann festgehalten werden, dass die höchsten Summen für Offensivspieler gezahlt wurden. Sie erzeugen oftmals elektrisierende Momente und sind der Grund dafür, dass jedes Wochenende die Massen den Weg ins Stadion finden. Mit einer einzigen Aktion können sie zuvor zähe und enge Spiele entscheiden.

Doch an welchen Fertigkeiten müssen wir Trainer feilen, um den Spielern das notwendige Rüstzeug hierfür zu geben?

**Technisch-taktische Bestandteile der Kernkompetenzen des zentralen offensiven Mittelfeldspielers:**

» Aufdrehverhalten in engen Räumen,
» Festmachen und Weiterleiten von Bällen mit dem Rücken zum Tor,
» Positionierungsspiel (offensiv),
» Tiefenläufe,
» Torabschluss,
» Passspiel.

Darüber hinaus bereichern folgende Fertigkeiten den zentralen offensiven Mittelfeldspieler:

» individualtaktisches Anlaufverhalten im Pressing,
» raum- und gegnerüberwindendes Dribbling,
» Flankenspiel,
» Halbfeldflanken,
» Offensivkopfball,
» Pressingresistenz.

## 3.2.3 STÜRMER

Die Position des Stürmers kann Fluch und Segen für die Spieler zugleich bedeuten. Bleiben hochklassige Torchancen ungenutzt, ziehen die Stürmer den Unmut der eigenen Fans auf sich. Auf der anderen Seite lassen sie erzielte Tore in ein anderes Licht rücken. Nicht selten erhalten sie hierfür die Auszeichnung zum „Spieler des Spiels".

Der Nationalstürmer Niclas Füllkrug hat am eigenen Leib erfahren, wie polarisierend seine Position sein kann. Nach dem Abstieg seines damaligen Arbeitgebers Werder Bremen im Sommer 2021 hatte Füllkrug zu Saisonbeginn in der 2. Liga Anlaufprobleme, die sogar dazu geführt haben, dass er sich phasenweise im Herbst 2021 auf der Auswechselbank wiedergefunden hat. In dem von Markus Anfang favorisierten 4-3-3-System erhielt Marvin Duksch den Vorzug.

Im Winter 2022 sah die Welt des Mittelstürmers ganz anders aus: Nach dem am letzten Spieltag geglückten direkten Wiederaufstieg, zu dem Füllkrug 19 Tore beisteuerte, konnte er seine aufsteigende Form auch in der Hinrunde der Bundesligasaison 2022/2023 bestätigen. Sie führte zur Nominierung für die WM in Qatar. Rund 15 Monate nach seiner kurzfristigen Degradierung zum Einwechselspieler in Liga 2 avancierte der Mittelstürmer zum Hoffnungsträger einer der größten Fußballnationen der Welt.

In den folgenden Unterkapiteln werden die notwendigen technisch-taktischen Fertigkeiten beleuchtet, die in die Anforderungsprofile der Außen- und Mittelstürmer fallen.

### 3.2.3.1 AUSSENSTÜRMER

Außenstürmer spielen immer dann eine wichtige Rolle, wenn Mannschaften mit ihrem Kombinationsspiel auf Granit stoßen und nicht weiterkommen. Durch ein einfaches Passspiel verschieben sich keine Zahlenverhältnisse auf dem Platz. Schließlich ist der Passgeber selbst aus dem Spiel, da er hinter dem Ball bleibt. Wird hingegen ein offensives 1 gegen 1 gewonnen, kann auch hier der gegnerische Defensivspieler zunächst nicht mehr eingreifen – der ballführende Spieler bleibt allerdings am Ball und verschiebt somit das Zahlenverhältnis zu seinen Gunsten.

Grundsätzlich ist die Position des Außenstürmers ebenfalls von der Grundordnung und der Spielweise sowie von den anderen Positionen der Mannschaft abhängig. Auch hier offenbaren uns Beispiele aus dem Profifußball, dass unterschiedliche Interpretationen dieser Positionen dennoch zur Weltklasse führen können.

Anhand von aktuellen und ehemaligen Spielern von Bayern München, die alle primär als Außenstürmer eingesetzt wurden, soll dies illustriert werden: Während Douglas Costa als klassischer Außenstürmer primär den Durchbruch außen gesucht hat, um eine Flanke zu schlagen, spielte Arjen Robben diese Position „fußfremd". Obwohl alle Gegenspieler um seine Spielweise Bescheid wussten, zog Robben dennoch stets nach innen auf seinen starken linken Fuß, mit dem er dann den Torabschluss suchte. Leroy Sané wird ebenfalls als starker Dribbler von seinen Gegnern gefürchtet. Zusätzlich verfügt er über ein starkes Zwischenlinienspiel und gut getimte Tiefenläufe, die seine Spielweise variantenreicher machen.

Gemeinsam haben alle drei Außenstürmer das Beherrschen von technisch-taktischen Bausteinen, die Bestandteile der unverhandelbaren Kompetenzen dieser Position sind. Aufgrund der unmittelbareren Tornähe soll bewusst wieder von unverhandelbaren Kompetenzen gesprochen werden. Das erfolgsstabile Lösen dieser Situationen kann schließlich Spiele entscheiden.

**Technisch-taktische Bestandteile der unverhandelbaren Kompetenzen des Außenstürmers:**

- offensives 1 gegen 1 aus offener Stellung (kurze und weite Distanz),
- offensives 1 gegen 1 aus halboffener Stellung (kurze Distanz),
- Flankenspiel,
- Torabschluss.

Das offensive 1 gegen 1 setzt sich aus verschiedenen Elementen zusammen. Hierzu zählen beispielsweise das Freilaufverhalten des Außenstürmers, der erste Kontakt nach flachen und hohen Zuspielen, das Tempodribbling und das Fintieren. Das zusammenhängende Beherrschen dieser technisch-taktischen Fertigkeiten führt zu einer hohen offensiven Qualität im 1 gegen 1 aus unterschiedlichen Grundsituationen.

**Weitere Fertigkeiten des Außenstürmers:**

- Tiefenläufe,
- Passspiel,
- individualtaktisches Anlaufverhalten im Pressing,
- Offensivkopfball,
- offensives 1 gegen 1 aus geschlossener Stellung.

### 3.2.3.2 MITTELSTÜRMER

Deutschland galt lange Zeit als die Nation der Mittelstürmer. In unserer Fußballgeschichte haben wir viele spektakuläre zentrale Stürmer herausgebracht: Uwe Seeler, Gerd Müller oder auch Rudi Völler dürfen bei solchen Aufzählungen sicherlich nicht unerwähnt bleiben. In der Reflexion der zurückliegenden Trainingspraxis in deutschen Nachwuchsleistungszentren wurde festgestellt, dass das Trainingsangebot zu wenig darauf abzielte, einen richtigen „Neuner" zu entwickeln und die Flaute an Mittelstürmern nicht bloß eine Momentaufnahme sei (vgl. Lorenzen 2022).

Es ist also berechtigt zu überlegen, über welche technisch-taktischen Fertigkeiten ein Mittelstürmer überhaupt verfügen sollte. Die Beantwortung dieser Frage gibt dem Training eine Richtung, indem die Trainingskonzeption darauf ausgelegt ist, die Entwicklung dieser Fertigkeiten wieder verstärkt zu fokussieren.

Kein anderer Spieler aus der eigenen Mannschaft bewegt sich so häufig in unmittelbarer Tornähe - und dort werden bekanntlich die Treffer erzielt. In den letzten Jahren hatten die Aufsteiger aus der zweiten Liga immer Mittelstürmer in den eigenen Reihen, die eine beachtliche Torausbeute nachweisen konnten. Es wird auch seine Gründe haben, warum Bayern München und Manchester City unfassbare Geldsummen in die Hand genommen zu haben, um die Transfers von Harry Kane und Erling Haaland zu realisieren. Manchester City konnte sich im Folgejahr den Traum vom Gewinn der Champions League erfüllen. Auch bei Bayern München sticht Harry Kane zum Zeitpunkt des Schreibens dieser Zeilen mit einer herausragenden Torquote heraus.

Doch welche Fertigkeiten machen sie so wertvoll und sollten über das Trainingsangebot abgedeckt werden?

**Technisch-taktische Bestandteile der unverhandelbaren Kompetenzen des Mittelstürmers:**

» beidfüßiger Torabschluss (direkt oder mit wenig Kontakten),
» Offensivkopfball,
» Positionierung im Strafraum (hinter oder vor den Gegner kommen, Abpraller aufsammeln),
» Bälle mit dem Rücken zum Tor festmachen und weiterleiten,
» Tiefenläufe.

**Weitere Fertigkeiten des Mittelstürmers:**

» Aufdrehverhalten,
» Fintieren aus offener Stellung,
» Fintieren aus geschlossener Stellung,
» Passspiel,
» individualtaktisches Anlaufverhalten im Pressing.

## 3.3 ATHLETISCHE FERTIGKEITEN

Aus Gründen der Vollständigkeit sollen auch die athletischen Fertigkeiten prägnant berücksichtigt werden, die ein essenzieller Bestandteil der fußballerischen Spielkompetenz sind. Durch die vorangeschrittene Professionalisierung im Leistungsfußball sorgen oftmals ausgebildete Athletiktrainer für die Abdeckung der athletischen Fertigkeiten. Damit geht eine Verschiebung der Schwerpunkte im Training für den Mannschaftstrainer einher, weshalb ich den athletischen Fertigkeiten weniger Raum als den Fertigkeiten einräume, auf die wir einen größeren Einfluss haben. Um einen grundsätzlichen Überblick zu geben, werden hier die drei Eckpfeiler der physischen Leistungsfähigkeit im fußballerischen Kontext skizziert. Gemeinsam mit der Koordination und Beweglichkeit werden sie unter der Kondition zusammengenfasst. Bei Interesse zur Weiterbildung eignen sich diverse sportwissenschaftliche Fachbücher.

Auch mit Blick auf die vorgestellte Trainingskonzeption in Kapitel 8 werden aus Gründen der Komplexitätsreduktion sportwissenschaftliche Parameter ausgeklammert, um einen vollen Fokus auf die bewusste fußballerische Konzeption zu gewährleisten.

Innerhalb einer Trainingswoche variieren die physischen Voraussetzungen der Spieler. Um ihnen Rechnung zu tragen, müssen in der Trainingsplanung der Umfang sowie die Intensität zyklisch periodisiert werden, damit das Training einerseits zu einem wettkampfgerechten Leistungsniveau führt und andererseits keine Verletzungen provoziert werden. Hierfür gilt es Aspekte wie eine Superkompensation, Regenerationsmaßnahmen, Leistungsniveau, Alter, Verletzungshistorie, Spielidee usw. zu berücksichtigen. An dieser Stelle wird jedoch auf eine Vertiefung aus den genannten Gründen verzichtet und es dabei belassen, ein paar sportwissenschaftliche Überlegungen anzuschneiden.

Vielmehr wird in diesem Kapitel dem Trend der hohen Spielintensität (siehe 3.3.4) nachgegangen.

### 3.3.1 AUSDAUER

Im Allgemeinen wird die Ausdauer nach Hohmann et al. (2014, S. 50) als Ermüdungswiderstandsfähigkeit definiert, die es ermöglicht, eine gewählte Intensität möglichst lange aufrechterhalten zu können und dabei die sportliche Technik sowie das taktische Verhalten über eine längere Zeit stabilisieren zu können. Lässt die Ausdauer nach, wirkt sich dies negativ auf die Spielqualität aus und erhöht die Wahrscheinlichkeit auf Verletzungen, weshalb sie zeitgleich auch trainingsbegrenzend ist. Jede Sportart beinhaltet spezifische Kriterien an die Ausdauer der jeweiligen Athleten, womit unterschiedliche Mechanismen der Energiebereitstellung einhergehen.

Die Energiebereitstellung im Fußball erfolgt größtenteils aus einer Kombination des aeroben und anaeroben Energiesystems. Das aerobe System stellt die Grundlage für die Energiebereitstellung im Fußball dar – insbesondere während längerer Phasen des Spiels oder bei geringer bis moderater Intensität. Dabei nutzen die Muskeln Sauerstoff, um Glukose und Fette zu oxidieren und Energie in Form von Adenosintriphosphat (ATP) zu produzieren (vgl. ebd., S. 54 ff.).

Das anaerobe Energiesystem lässt sich in einen anaerob-alaktaziden und anaerob-laktaziden Stoffwechsel unterscheiden. Erstgenannter kommt in sehr kurzen und intensiven Aktionen zum Tragen. Die Energie wird durch den Verbrauch von energiereichen Phosphaten bereitgestellt, ohne dass Laktat anfällt. Diese Energiequelle ist sehr effizient, aber begrenzt und reicht aufgrund des geringen Vorrats an Kreatinphosphat in der Muskulatur lediglich für maximal zehn Sekunden.

Der anaerob-laktazide Stoffwechsel liefert Energie in Form von ATP, indem Glykogen ohne Beteiligung von Sauerstoff in den Muskelzellen abgebaut wird. Bei diesem anaeroben Abbau des Glykogens entsteht Laktat, das ab einer gewissen Konzentration die technische Qualität und das Entscheidungsverhalten negativ beeinflusst. Dieser Stoffwechsel spielt eine entscheidende Rolle, wenn Spieler schnelle und intensive Aktivitäten ausführen, die eine kurzfristige Energielieferung erfordern (vgl. ebd., S. 54 ff.).

Wir sehen, die Spieler müssen in der Lage sein, zwischen aeroben und anaeroben Energiesystemen effektiv zu wechseln, um die Anforderungen des Spiels zu erfüllen. Das Training muss folglich auf diese spezifischen Energiebereitstellungssysteme abzielen.

Über eine längere Zeit wurde der Fußball jedoch als eine klassische Ausdauersportart betrachtet. Folglich stand der von Spielern geliebte Strand- oder Waldlauf in vielen Trainingslagern früher verpflichtend auf der Tagesordnung. Zugegebenermaßen gehört auch eine Grundlagenausdauer dazu, allerdings zeigt uns das Fußballspiel am Wochenende, dass kurze und intensive Aktionen dominieren und Spieler einem Intervallcharakter ausgesetzt sind. Auf diese kurzen, intensiven Aktionen folgen Phasen, die von geringerer Intensität oder Pausen geprägt sind.

Mit dieser Bewusstwerdung und einem verstärkten Zugang zu sportwissenschaftlicher Expertise veränderte sich in den letzten Jahren die Methodik des Ausdauertrainings im Fußball erheblich. Während der typische Dauerlauf in der Trainingswoche früher allgemein üblich war, wird die Ausdauer heutzutage primär durch fußballspezifisches Training abgedeckt – mit dem Vorteil, hierdurch weitere Leistungsfaktoren zu trainieren. Isolierte Ausdauereinheiten finden heute im Leistungsfußball in der Regel nur noch statt, um im regenerativen Bereich zu arbeiten, nach Verletzungen Defizite aufzuarbeiten oder um psychische Fertigkeiten (siehe 3.5) zu schulen.

### 3.3.2 SCHNELLIGKEIT

Schnelligkeit lässt sich im Fußball aus verschiedenen Perspektiven betrachten. Aus athletischer Sicht versteht man hierunter die Fertigkeit, unter ermüdungsfreien Bedingungen in maximal kurzer Zeit motorisch zu reagieren (vgl. Hohmann et al. 2014, S. 86). Es geht also um die reine Bewegungsschnelligkeit. Wie im Kapitel 7 nachzulesen, wird eine Spielsituation erst am Ende einer Handlungskette sportmotorisch gelöst. Im Vorfeld muss der Spieler die Spielsituation wahrnehmen und verstehen. Das ineinandergreifende Zusammenspiel aus Handlungs- und Bewegungsschnelligkeit stellt eine Grundvoraussetzung dar, im hohen Leistungsfußball eine Daseinsberechtigung zu haben. Eine eindimensionale Ausprägung, in die eine oder andere Richtung, reduziert erheblich die Chance, im Fußball weit nach oben zu kommen.

*Sowohl ein handlungsschneller Spieler mit einer geringen Bewegungsschnelligkeit als auch ein Spieler mit einer hohen Bewegungsschnelligkeit bei einer zeitgleich limitierten Handlungsschnelligkeit wird sehr wahrscheinlich im modernen Fußball kaum eine Chance haben, ganz oben zu landen. Schließlich werden sie dort innerhalb kürzester Zeiten Entscheidungen treffen und sich in direkten Laufduellen gegen zuletzt immer schneller gewordene Spieler behaupten müssen.*

Zurück zur Bewegungsschnelligkeit. Es bedarf einer gewissen Grundschnelligkeit im Fußball. Jedoch variieren die Anforderungen an die Schnelligkeit je nach Position und Spielphilosophie. Insbesondere die Positionen, die die eigene Tiefe (Raum zwischen Abwehrkette und Torwart) verteidigen bzw. die gegnerische Tiefe attackieren, müssen eine gewisse Schnelligkeit mitbringen, da sie oftmals in das entscheidende Laufduell gehen. Nicht umsonst wird die nachlassende Schnelligkeit den alternden Innenverteidigern im Kampf um die Stammplätze im Herbst ihrer Karriere oftmals zum Verhängnis.

Interessant an dieser Stelle ist es, dass sich der neue Bundestrainer Julian Nagelsmann in seiner ersten Nominierung (Anfang Oktober 2023) für den im Dezember 2023 35 Jahre alt gewordenen Mats Hummels entschieden hat. Hummels würde seine Bewegungsschnelligkeit selbst sicherlich nicht zu seinen Stärken zählen. Er sticht jedoch durch andere Stärken, wie seinen flachen und mutigen Spielaufbau, hervor. Das aktuelle Beispiel aus unserer Nationalmannschaft zeigt den Zusammenhang zwischen Spielphilosophie des Trainers und dem individuellen Spielerprofil. Nagelsmann schätzt den positiven Einfluss von Hummels in den eigenen Ballbesitzphasen so sehr, dass er über seine Schnelligkeitsdefizite hinwegsieht.

Auf die Schnelligkeit übertragen bedeutet das, dass sie noch bedeutsamer ist, wenn sie in der Spielphilosophie eine elementare Wichtigkeit erfährt. Schnelle Stürmer sind beispielsweise prädestiniert(er), in einer auf ein Umschaltspiel setzenden Mannschaft zu spielen.

Während in den höheren Jugendmannschaften und im Seniorenfußball das Schnelligkeitstraining primär von geschulten Athletiktrainern übernommen wird, sind hierfür in den jüngeren Altersstufen meistens die Mannschaftstrainer verantwortlich.

Hier lassen sich vielerorts noch überwiegend kraft- und ausdauerorientierte Trainingseinheiten feststellen, sodass noch trainingsmethodische Reserven bestehen, um die elementaren Schnelligkeitsanlagen im Kindesalter stärker zu entfalten.

### 3.3.3 KRAFT

Unter Kraft wird die Disposition verstanden, Bewegungen mit einem hohen Krafteinsatz ausführen zu können. Aus sportmethodischer Sicht kristallisieren sich unterschiedliche Erscheinungsformen der Kraft heraus, wie beispielsweise die Sprung-, Sprint- oder Schusskraft. Die Kraftfähigkeiten zählen zu den zentralen Bestandteilen der konditionellen Leistungsfähigkeiten und sind Gegenstand des sportlichen Trainings. Die Intentionen des Krafttrainings sind vielfältig. Sie reichen von der maximalen Querschnittsvergrößerung über eine Verbesserung der Schuss- und Sprungkraft bis hin zur Optimierung der Kraftausdauer. Aus diesem Grund findet eine Unterscheidung von Schnellkraft, Maximalkraft, Reaktivkraft und Kraftausdauer als eigenständige Kraftfähigkeiten statt. Dementsprechend ist im Rahmen des Krafttrainings die Frage zu stellen, welche biologischen Anpassungen erzielt werden sollen, und es sind die dazugehörigen Belastungsnormative bei der Planung des Trainings zu berücksichtigen (vgl. Hohmann et al. 2014, S. 65 ff.).

Die einzelnen Facetten der Kraft kommen im Fußball in verschiedenen Aktionen zum Tragen. Sie finden beispielsweise im Torschuss, im Sprint, im Kopfball, beim Richtungswechsel oder auch im Zweikampf ihre Anwendung. Darüber hinaus spielen sie in der Prävention von Verletzungen eine wichtige Rolle. Während das Maximalkraft- und das Reaktivkrafttraining im gesonderten Athletiktraining stattfinden, lässt sich eine Verbesserung der Schnellkraft und Kraftausdauer auch durch ein fußballspezifisches Training (z. B. im Zweikampftraining) erzielen.

Insbesondere im Krafttraining machte sich in den letzten Jahren der Zuwachs an sportwissenschaftlicher Kompetenz sowie der erleichterte Zugang zum Krafttraining, beispielsweise durch die sozialen Medien, bemerkbar. Neben einem erhöhten Bewusstsein für die Vorteile des Krafttrainings führten auch die steigenden Anforderungen der Athletik im Leistungsfußball dazu, dass sich Spieler in dieser Fertigkeit weiterentwickeln wollten bzw. sogar mussten. Mittlerweile finden sich in jedem Nachwuchsleistungszentrum fest angestellte Athletiktrainer, die unter anderem für die Entwicklung der Kraft der Talente verantwortlich sind. Auch der Kraftraum vieler Leistungsmannschaften hat sich im Laufe der letzten Jahre ständig weiterentwickelt. Eine Entwicklung, die sicherlich noch nicht abgeschlossen ist.

### 3.3.4 SPIELINTENSITÄT

Die Geschichte des Fußballs lehrt uns, dass taktische Innovationen selten aus Deutschland stammen. Vielmehr sind wir als Fußballnation dafür bekannt, Entwicklungen aus dem Ausland zu registrieren, die dahintersteckenden Ideen zu übernehmen und mit eigenem Leben zu füllen. In den letzten Jahren ist „Intensität" zu einem Modewort im Fußball geworden. Nicht selten wird es als Erklärungsansatz von Trainern nach einer Niederlage angeführt. Momentan wird die Premier League von vielen Experten als die stärkste Liga im Fußball betrachtet. Dort hat sich die hohe Intensität in allen Spielphasen als Charakteristik für Spielqualität herauskristallisiert, welche sich auch anhand von diversen Spieldaten nachweisen lässt. Entsprechend unseres Naturells zur Nachahmung von taktischen Trends wird in Deutschland auch vermehrt eine hohe Intensität im Spiel explizit eingefordert. Doch warum überhaupt? Und was versteht man letztlich unter „Intensität"? Und vor allem stellt sich darüber hinaus die Frage – schließlich wollen wir clever trainieren: Welchen Einfluss sollte das Wissen um Intensität auf das eigene Training haben?

Breithecker et al. (2021, S. 293) beschreiben die Intensität als den Grad der Anstrengung, dem ein Körper während einer physischen Aktivität ausgesetzt ist.

Die zuvor dargestellten athletischen Fertigkeiten Ausdauer, Schnelligkeit und Kraft sind grundlegende Voraussetzungen einer hohen Spielintensität.

Obwohl eine hohe Intensität gefordert wird, ist es oftmals schwammig definiert, was hierunter überhaupt verstanden werden kann. In den meisten medialen Berichterstattungen wird unter Intensität die Anzahl an schnellen Läufen mit und ohne Ball zusammengefasst. Neben der Laufleistung sollte eine harte Zweikampfführung nicht außer Acht gelassen werden. Zweikämpfe können schließlich auch intensiv geführt werden.

Pepijn Lijnders (2022), langjähriger Co-Trainer von Jürgen Klopp, beschreibt die in Liverpool gelebte Intensität als Teil der Vereins-DNA, die in vielen Facetten des Spiels spürbar sein müsse. Das Spiel soll permanent beschleunigt werden, einfache Pässe, Freistöße und Einwürfe sollen schnell gespielt werden. Die Mannschaft versucht in jeder sich bietenden Situation nach einem Ballverlust ins Gegenpressing zu kommen. Eine hohe Aggressivität im Spiel gegen den Ball sei eine unverwechselbare Eigenart des Teams. Liverpool möchte sich einen Wettbewerbsvorteil verschaffen, indem die Mannschaft dem Spiel einem intensiven Charakter verleiht, dem der Gegner aus physischen und mentalen Gründen nicht standhalten kann.

Wir sehen, es werden viele Themen unter dem Dach der Intensität subsummiert, was eine klare Abgrenzung erschwert.

Aus einer grundsätzlichen Betrachtung heraus weiß jeder, der einmal selbst gegen den Ball getreten hat, dass es schwieriger ist, gute Entscheidungen treffen und technisch ausführen zu können, wenn der Gegner einem wenig Zeit und Raum lässt. In der Konsequenz lässt die eigene Spielqualität nach. Um das aus rein athletischer Sicht zu schaffen – taktische Aspekte im Spiel gegen den Ball sollen ausgeklammert werden –, muss die Mannschaft in der Lage sein, eine hohe Intensität gehen zu können. Die zugrunde liegende Idee lässt sich auch auf die weiteren Spielphasen übertragen: Schafft es die Mannschaft beispielsweise, nach einem Ballverlust schnell in die Ordnung zu kommen, steht der Gegner erneut vor dem Dilemma, für seine Offensivaktionen wenig Zeit und Raum zu haben.

Eine hohe Spielintensität einer Mannschaft kann also als ein Qualitätssiegel gesehen werden. Allerdings bedarf diese Aussage, wie im Folgenden zu sehen ist, einer differenzierten Betrachtungsweise. Grundsätzlich ist mir die Diskussion um Intensität oftmals nicht zu Ende gedacht. Die folgende Studie zeigt, dass eine hohe Spielintensität per se nicht immer ein Ausdruck von oberster Qualität sein muss.

Bradley et al. (2013) konnten in einer Studie mit Spielern aus den ersten drei englischen Profiligen nachweisen, dass die hochintensive Laufdistanz bei Spielern aus den unteren Ligen größer war als bei Spielern aus der Premier League – und das bei einer ähnlichen zuvor festgestellten körperlichen Leistungsfähigkeit. Die Ergebnisse könnten auf eine bessere Schulung der technischen Fertigkeiten und der Entscheidungsfindung von Spielern aus der Premier League hinweisen, weshalb sie beispielsweise weniger leichtfertige Ballverluste haben und folglich auf eine geringere Anzahl an hochintensiven Laufdistanzen im Spiel gegen den Ball kommen.

Intensität gilt es demnach immer vor dem Hintergrund der Technik und der Entscheidungsfindung zu bewerten.

Die vorangestellte Überlegung, dass sich durch Intensität die Faktoren Zeit und Raum oftmals zu unseren Gunsten verschieben lassen, hat nach wie vor Bestand. Als Trainer sollten wir uns die Frage stellen, ob jede intensive Aktion in den jeweiligen Spielphasen seinen Sinn hat und möglicherweise nicht auch Folge von technischen und kognitiven Fehlern ist. Hierfür bedarf es einer guten Analysefähigkeit von Trainern.

*Eine Mannschaft entscheidet sich nach einer Spielverlagerung des Gegners, das Pressing aufrechtzuerhalten und kommt trotz eines intensiven Anlaufverhaltens nicht in den Zweikampf und öffnet in der Konsequenz weitere Räume, die der Gegner nun nutzen kann. In der Analyse stellt der Trainer später fest, dass in einen zu großen Raum gepresst wurde und die Wege zu weit waren, um den pressenden Spieler ab- und durchzusichern.*

Das Beispiel zeigt, dass eine ursprünglich gut gemeinte defensive Intensität, wenn sie nicht mit Spielintelligenz (siehe 3.4.5) und einer klar definierten defensiven Spielidee (siehe 5.3) einhergeht, zum Verhängnis werden kann.

*Nach einem Ballgewinn schaltet eine Mannschaft blitzschnell um, schwärmt in offensive Positionen aus und versucht den Konter in möglichst wenigen Sekunden auszuspielen. Aufgrund der Hektik verspringt dem ballführenden Spieler der Ball und es kommt zu keinem erfolgreichen Konter.*

Sowohl die Studie von Bradley et al. (2013) als auch die fiktiven Beispiele haben zeigen können, dass die Spielintensität nicht losgelöst von technischen und kognitiven Fertigkeiten betrachtetet werden sollte!

Damit Spieler grundsätzlich eine hohe Intensität in sämtlichen Phasen des Spiels gehen können, wäre es zu kurz gedacht, sich nur auf die rein physische Verfassung zu konzentrieren. Vielmehr kommen weitere Faktoren hinzu, wie die psychischen Fertigkeiten der Spieler (siehe 3.5), die Teamchemie oder auch emotionale Prozesse wie die Identifikation mit dem Verein. Sie können zur Erklärung einer hohen Intensität herangezogen werden. In dem Tagebuch von Lijnders (2022) aus der Saison 2021/2022 wird oft davon berichtet, welche elementare Rolle die Einstellung der Spieler spielt, um die gewünschte Intensität auf den Platz zu bekommen. Und diese sei wiederum ein Abbild der Persönlichkeit und des Charismas des Trainers sowie der vorherrschenden Kultur des Vereins.

Obwohl ich selbst nie am Kabinenleben von Klopps Mannschaften teilgenommen habe, ist es kein Geheimnis, dass er ein talentiertes Händchen in seinen Ansprachen hat. Er schafft es, das Innenleben seiner Spieler (siehe 3.5) dahingehend positiv zu beeinflussen, dass sie die Motivation, Selbstwirksamkeitserwartung und Resilienz mit sich bringen, um derart intensiv zu spielen – und zwar alle: Es entsteht eine kollektive Intensität. Daraus ableitend kann festgehalten werden: Intensität resultiert primär aus dem Zusammenspiel von physischen Voraussetzungen und Mentalität, auf die bewusst Einfluss genommen werden sollte.

Nachdem wir uns die Vorteile von Intensität vergegenwärtigt und deren Entstehung vor Augen geführt haben, sollten wir uns mit Blick auf das Training die Frage stellen, ob es uns gelingt, sie auch zu trainieren. Besitzt unser Training einen hohen Anteil intensiver Sequenzen, ohne dass von einem Übertraining zu sprechen ist? Die von Hannes Wolf ausgerufene Bildungsreform fordert explizit einen höheren Anteil an 4-gegen-4-Varianten. Einer von mehreren Begründungssträngen für die „Renaissance" des Formates ist die hohe Intensität dieser Trainingsformen. Die Spieler werden hier in die Situation versetzt, hohe Intensitäten gehen zu müssen und aufgrund des steigenden Umfangs dazu gezwungen, sie auch möglichst konstant abzurufen.

Je nach Spielweise wird eine unterschiedliche Intensität in den einzelnen Spielphasen angestrebt. Während die eine Mannschaft sich eher darüber definiert, im Spiel gegen den Ball tiefer zu stehen und auf den richtigen Auslöser zu warten, spielen andere Mannschaften in den meisten Strecken des Spiels ein hohes Pressing und gehen somit diesbezüglich eine höhere Intensität in der defensiven Spielphase.

Fußball stellt ein komplexes Belastungsprofil dar, das sich angesichts der Entwicklungen der letzten Jahre zunehmend zugespitzt hat. Und anhand dieses Belastungsprofils, das sich aus der gemeinsamen Spielidee (siehe Kapitel 5) ergibt, leiten sich die athletischen Fertigkeiten ab, die im Training abgedeckt werden sollten.

## 3.4 KOGNITIVE FERTIGKEITEN

Wie bereits erwähnt, betrachte ich kognitive Fertigkeiten als zentrale Prädiktoren von spielkompetentem Verhalten. In Relation zu den weiteren Leistungsfaktoren werden die kognitiven Fertigkeiten trotz ihrer hohen Relevanz weniger systematisch entwickelt. Auch im Profifußball lassen sich wiederkehrende Fehler in den Entscheidungen finden, die davon zeugen, dass es selbst auf höchstem Niveau nur unzureichend gelingt, Spieler auf die taktischen Anforderungen vorzubereiten.

Die Entwicklung solcher leistungsbestimmenden Funktionen wird mehr oder weniger dem Zufall überlassen. Die Gründe hierfür sind sicherlich darin zu finden, dass kognitive Prozesse ziemlich komplex und schwer greifbar sind. Zudem fehlt es an Weiterbildungsmöglichkeiten, sodass die meisten Trainer mithilfe ihres Bauchgefühls versuchen, „den Kopf" ihrer Spieler zu trainieren.

Auf der anderen Seite werden beispielsweise athletische Fertigkeiten auf Basis sportwissenschaftlicher Erkenntnisse durch den Athletiktrainer verbessert und das Training anhand konkreter physiologischer Belastungsparameter (Intensität, Umfang, Häufigkeit ...) abgestimmt. Auch technische Fertigkeiten werden mittlerweile anhand von Positionsprofilen zergliedert, wodurch eine spezialisierte Technikschulung stattfinden kann (siehe Kapitel 3.2). Punktuell wird hier auch bewusst auf Methoden zum Techniktraining aus der Sportwissenschaft, wie das differenzielle Lernen, gesetzt. Dabei sind es aber genau diese kognitiven Fertigkeiten, die

Höner (2005, S. 15) zufolge im Rahmen von individualtaktischen Entscheidungssituationen leistungsrelevant sind und Spiele entscheiden können.

Während ich in den anderen Kapiteln auf meine Trainererfahrungen und meinen beruflichen Background zurückgreifen konnte, habe ich mich in diesem Kapitel zusätzlich tiefgründig mit Literatur befasst, um einen fundierten Erklärungsansatz bieten zu können. Damit verbunden steigen jedoch auch die Anforderungen, die Inhalte intellektuell zu verstehen. Ich versuche anhand einiger fußballbezogener Beispiele die Brücke zwischen Theorie und Praxis zu schlagen.

Die Wissenskluft interessierter Trainer zu kognitiven Fertigkeiten soll in dem Kapitel geschlossen werden, indem die kognitiven Prozesse heruntergebrochen und somit greifbarer gemacht werden.

Im Fußball ist es typisch, dass ein Spieler in sämtlichen Phasen des Spiels aus einer Vielzahl an möglichen Szenarien für eine bestimmte Entscheidung gezielt auswählen kann. Mit jeder getroffenen Entscheidung nimmt er Einfluss auf das weitere Spielgeschehen, was den Fußball zu einem dynamischen und unvorhersehbaren Spiel macht.

Ich glaube, die Summation der getroffenen Entscheidungen der eigenen Mannschaft über 90 Minuten bestimmt erheblich den Ausgang des Spiels. Es muss das Ziel sein, die Qualität der Entscheidungen der eigenen Spieler zu erhöhen. Hierfür sind sport- und neurowissenschaftliche Erkenntnisse hilfreich, um den komplexen Vorgang besser zu verstehen und in der Konsequenz gezielter zu trainieren.

Doch was geschieht eigentlich zwischen den Ohren, ehe ein Spieler einen Pass spielt oder sich entscheidet, ins Dribbling zu gehen? Und warum finden Weltklassespieler wie Toni Kroos oder Kevin De Bruyne oft die vermutlich beste Lösung für die eigene Mannschaft, während uns manche Spieler zur Weißglut bringen, indem sie immer wieder mit dem „Kopf durch die Wand" wollen?

Wir werden uns nun mit den einzelnen kognitiven Fertigkeiten befassen, die in der Entscheidungsfindung eine Rolle spielen, und ihren Zusammenhang erläutern.

### 3.4.1 WAHRNEHMUNG

Wer Xavi selbst noch als Spieler erleben durfte, wird ihn als jemanden in Erinnerung bewahrt haben, der selbst unter höchstem Druck angespielt werden konnte - schließlich hatte er stets zur Bewältigung der Spielsituation eine Lösung in seinem Repertoire. Es lohnt sich, über sein folgendes Zitat nachzudenken. Bei all der Komplexität des Spiels steckt in der Einfachheit viel Genialität:

*„Wenn ich ein Zuspiel erhalte, habe ich mich vorher bereits umgeschaut und weiß, ob ich Platz habe, um mich zu drehen, oder ob ich einen Gegner im Rücken habe. Wenn ich unter Druck bin, versuche ich, mit ein oder zwei Kontakten zu spielen und den Ball so an- und mitzunehmen, dass der Verteidiger den Ball nicht erobern kann. Im Grunde genommen versuche ich, mir ein*

*paar Meter Platz zu verschaffen, damit ich den Ball nicht verlieren kann, und mich in eine Position zu bringen, um unser Spiel zu entwickeln. Es klingt einfach, aber diese Fähigkeiten zu beherrschen, ist sehr schwierig. So überlebe ich im Spiel, obwohl ich körperlich nicht stark oder groß bin. Du musst über die Spielsituation nachdenken!" (Hernandez, zit. nach DFB, 2016).*

Xavi untermauert in seinem Zitat, wie hilfreich es für seine Entscheidungsfindung gewesen sei, vor der Ballannahme zu wissen, was in seinem Rücken passiert. Das Beispiel aus der Praxis zeigt, dass eine gute Wahrnehmungsleistung unabdingbar für die nachfolgenden kognitiven Prozesse ist.

In Anlehnung an Bruckmann & Recktenwald (2010, S. 42) leitet die Wahrnehmung die Phase des taktischen Handelns ein und kann somit als elementare Grundvoraussetzung für taktisches Entscheiden verstanden werden. Schließlich wählte Xavi eine Positionierung auf dem Feld und traf eine Entscheidung, nachdem er die gegenwärtige Spielsituation wahrgenommen hatte.

Wir sollten uns der Wahrnehmung aus sportwissenschaftlicher Sicht nähern, um den für den Fußball anscheinend wichtigen Prozess dahinter genauer zu verstehen.

Während eines Fußballspiels sind die Spieler oftmals Situationen ausgesetzt, in denen sie wenig Zeit haben, um für die Lösung des gegenwärtigen Problems möglichst viele Informationen zu sammeln. Damit Fußballer ihre Entscheidungen in den jeweiligen Situationen planen und durchführen können, sind sie auf diese Informationen aus dem Spiel angewiesen.

„Wahrnehmung bezeichnet den Prozess dieser Informationsgewinnung, um Gegebenheiten in der Umgebung zu strukturieren und zu verstehen." (Dicks & Noël, 2013, S. 564 f.)

Die Wahrnehmungsfähigkeit im Fußball bezieht sich also auf die Fähigkeit der Spieler, Informationen aus ihrer Umgebung schnell und präzise zu erfassen, zu verarbeiten und darauf zu reagieren. Aufgrund der hohen Dynamik im Leistungsfußball verändert sich die Struktur des Spiels binnen weniger Augenblicke. Dementsprechend müssen die Spieler in der Lage sein, fortlaufend Informationen innerhalb kürzester Zeit wahrzunehmen. Nicht umsonst blicken Weltklassespieler wie Toni Kroos innerhalb derselben Spielsituation mehrfach über ihre Schulter.

Informationen können dabei über verschiedene Sinnesmodalitäten, wie Sehen, Hören, Tasten, Riechen, Propriozeption oder Schmecken, wahrgenommen werden. Allerdings ist eine Wahrnehmung durch einen physikalischen Reiz determiniert und somit nie vollständig. Der sensorische Input bestimmter Reize wird in neuronal kodierte Informationen transformiert und vom Gehirn weiterverarbeitet. Final wird der Gegenstand der Wahrnehmung als sinnvolles Ganzes erfasst und es entsteht eine innere Repräsentation des Ereignisses (vgl. Sander, 2001, S. 1).

Von denen von Sander (2001) vorgestellten Informationsquellen rückt die visuelle Wahrnehmung in den Mittelpunkt. Ich hatte das große Glück, bei Werder Bremen sowohl im Grundlagen- als auch im Leistungsbereich zu arbeiten und habe dabei lernen dürfen, wie hilfreich eine gute Vororientierung und Stellung zum Ball für die Entscheidungsfindung ist. Auch wenn aktuelle und ehemalige von mir trainierte Spieler die eingeforderten Coachingpunkte „offene Stellung",

„richtiger Fuß", „Schulterblick" ... nicht mehr hören können, bin ich von dieser Hilfestellung restlos überzeugt. Sie dienen schließlich dem Spieler selbst, seinen Wahrnehmungsumfang zu erweitern und möglichst exakte Spielsituationen als innere Repräsentationen zu konstruieren.

Auch objektiv betrachtet, stellen Studien einen Zusammenhang zwischen Vororientierungshäufigkeit und Passerfolg dar (vgl. Jordet et al., 2018; Pokolm et al., 2022). Schließlich nimmt ein Spieler, der sich öfter umschaut, besser die dynamischen Positionierungen seiner Mit- und Gegenspieler wahr und kann hierdurch die besten Passoptionen identifizieren.

Memmert (2019, S. 31) unterstreicht die Wichtigkeit, die jeweilige Spielsituation exakt wahrzunehmen. Hiervon hänge es ab, ob der Spieler „richtig" reagieren könne. Er führt unterschiedliche Wahrnehmungsaspekte, wie z. B. Abstände, freie Räume und Mit- und Gegenspieler, als zentrale Hinweise aus dem Spiel an, die zwecks einer angemessenen Handlungsplanung erfasst werden sollten.

Momentan lassen sich keine Studien finden, die den Begriff „Information" präzisieren und auf den Fußball übertragen. Die Aussagen von Memmert (2019) geben uns ein erstes Gefühl, nach welchen Informationen Spieler Ausschau halten.

Aus dem Kapitel können wir also mitnehmen, dass die Qualität der Informationsgewinnung darüber entscheidet, ob im weiteren Verlauf gute Entscheidungen getroffen werden können. Und wir erinnern uns zurück: **Die Summation der getroffenen Entscheidungen beeinflusst stark den Ausgang des Spiels.**

Abschließend möchte ich die provokante These in den Raum stellen, dass wir Trainer uns zu wenig Gedanken darüber machen, inwiefern eine individuelle Betrachtung bezüglich der positionsspezifischen Wahrnehmungskompetenzen Sinn ergibt. Während Innenverteidiger sowohl in der Offensive als auch in der Defensive größtenteils mit dem Blick zum gegnerischen Tor agieren, müssen zentrale Mittelfeldspieler aus defensiver Sicht oftmals dynamische Gegenspieler in ihrem Rücken wahrnehmen und in der Offensive punktuell - was wir ja eigentlich nicht möchten - aus einer geschlossenen Stellung agieren. Auch die zur Verfügung stehenden Räume und der damit einhergehende Faktor Zeit differieren zwischen den einzelnen Positionen. Insbesondere zentralen Spielern wird in der Wahrnehmungsleistung mehr abverlangt. Folglich sollte sie bei diesen im Training häufiger und intensiver gefördert werden als bei Spielern anderer Positionen.

Xavi ist sich nach wie vor bewusst, dass seine herausragenden Entscheidungen unter anderem auf seiner guten Wahrnehmung fußen. Worauf eigentlich noch?

### 3.4.2 AUFMERKSAMKEIT

Nachdem die Spieler Informationen aus der jeweiligen Spielsituation wahrgenommen haben, müssen sie die Unmengen an einströmenden Reizen bewusst selektieren und verarbeiten (vgl. Cohen et al., 2015).

*Sind Aufmerksamkeit und Wahrnehmung nicht oftmals synonym verwendete Begrifflichkeiten?*

Die Aufmerksamkeit stellt eine besondere Form der Wahrnehmung dar. Während viele Wahrnehmungsprozesse unbewusst verlaufen, kennzeichnet die Aufmerksamkeit einen Zustand konzentrierter Bewusstheit. Sie lenkt die Wahrnehmung auf die Inhalte, die zur Lösung des Problems bedeutsam sind (vgl. Sander, 2001, S. 1).

Auch die Aufmerksamkeit hat sich in Sportspielen als fundamentaler Leistungsfaktor herauskristallisiert. Die begrenzte Verarbeitungskapazität des menschlichen Gehirns lässt eine vollumfassende Aufmerksamkeit für die visuellen und auditiven Reize des Spiels nicht zu. Folglich sollte das Ziel sein, Spieler mit der Fertigkeit zu entwickeln, ihre Aufmerksamkeit so zu steuern, dass sie relevante von weniger relevanten Reizen selektieren können. Das Ausblenden von unwichtigen Informationen hilft Spielern, effektiv entscheiden zu können (vgl. Memmert, 2019, S. 39).

Memmert & Furley (2012) unterscheiden vier Subprozesse der Aufmerksamkeit:

1. Selektive Aufmerksamkeit,
2. Geteilte Aufmerksamkeit,
3. Aufmerksamkeitsorientierung,
4. Konzentration.

Sich gezielt mit allen vier Subprozessen zu befassen, würde den Rahmen dieses Buches sprengen. Auf Wunsch kann hier eigenständig nachgelesen werden. Für mich sind die selektive und geteilte Aufmerksamkeit mit Blick auf die später folgende Spielintelligenz (siehe 3.4.5) und Spielkreativität (siehe 3.4.6) bedeutsam, weshalb sie erläutert werden sollen.

**Selektive Aufmerksamkeit:** Die selektive Aufmerksamkeit wählt zwischen zwei konkurrierenden Stimuli ab einem gewissen Zeitpunkt aus und erlaubt somit eine gezielte Fokussierung auf den ausgewählten Reiz. Durch diesen Fokus werden andere Reize ausgeklammert (vgl. Coull, 1998).

*In einer typischen Spielsituation am Flügel sind die zwei naheliegendsten Optionen eines Flügelspielers das offensive 1 gegen 1 sowie der Doppelpass mit der ballnahen Spitze. Nachdem der Offensivspieler sämtliche Informationen wahrgenommen hat (Stellungsspiel des gegnerischen Innenverteidigers, Timing des stellenden Außenverteidigers ...), entscheidet er sich für das Dribbling. Ab diesem Moment greift die selektive Aufmerksamkeit und er fokussiert sich voll und ganz auf den notwendigen Zweikampf, um ihn erfolgreich zu bestreiten.*

Ein weiteres Beispiel für selektive Aufmerksamkeit im Fußball ist das mannorientierte Verteidigen von Ecken aus Sicht des Verteidigers:

*Ein Verteidiger richtet seine Aufmerksamkeit vor einer gegnerischen Ecke auf einen Stürmer, um dessen Bewegungen und Aktionen genau zu beobachten, während er die anderen Spieler im*

*Feld und andere ablenkende Reize ausblendet. Dadurch kann der Verteidiger besser auf den Stürmer reagieren und seine Verteidigungsaktionen effektiver gestalten.*

Das Lenken der Aufmerksamkeit der Spieler ist Bestandteil in nahezu jeder Spielbesprechung.

*„Im Aufbauspiel ist es heute unser Ziel, über viele Spielverlagerungen den ballfernen Flügel zu bespielen, da sich dort in Häufigkeit Überzahlsituationen finden lassen, die wir dann mit Dynamik bespielen werden"* - so könnte eine beispielhafte Instruktion lauten, bei der es darum geht, die Aufmerksamkeit auf bestimmte Räume zu lenken.

Aus Sicht des Trainers ist hier jedoch Vorsicht geboten. Die Möglichkeit des Trainers, Einfluss auf die Aufmerksamkeitsorientierung des Spielers zu nehmen, kann zwar dazu führen, dass der Spieler einen Vorteil in einer vorhersehbaren Situation erzielt. Auf der anderen Seite können die Instruktionen in unerwarteten Situationen auch einen Nachteil bedeuten (vgl. Memmert & Furley, 2012, S. 567).

So konnten Memmert & Furley (2007) nachweisen, dass sich der selektive Aufmerksamkeitsfokus durch einfache Instruktionen manipulieren lässt. Beispielsweise kann eine kleine Anweisung des Trainers den Aufmerksamkeitsfokus so stark lenken, dass wichtige Informationen nicht bewusst wahrgenommen werden können. Folglich werden kreative Lösungen unwahrscheinlicher.

Einige von euch sind in ihrem Leben sicherlich schon einmal auf das Experiment von Christopher Chabris und Daniel Simsons zur Unaufmerksamkeitsblindheit gestoßen. Falls nicht, lohnt es sich, sich das Experiment mal bei YouTube anzusehen.

Hierbei handelte es sich um ein Experiment, bei dem die Probanden die Aufgabe gestellt bekamen, die Anzahl an zugeworfenen Bällen zu zählen, während sich ein Gorilla durch das Bild bewegte. Das Ergebnis des Experimentes war es, dass von 200 Versuchsteilnehmern nicht einmal die Hälfte der Probanden den Gorilla wahrnahmen. Es zeigt, wie die Aufmerksamkeit durch bestimmte Hinweise gezielt gesteuert und manipuliert werden kann (vgl. Memmert et al., 2013, S. 141 f.).

Die Grundidee der Unaufmerksamkeitsblindheit ist es, dass Spieler, die ihre Aufmerksamkeit auf einen Reiz lenken, unerwartete Objekte nicht mehr bewusst wahrnehmen. Das Phänomen kann erklären, weshalb Spieler manchmal völlig freistehende Mitspieler nicht anspielen (vgl. Memmert, 2019, S. 44 f.).

**Geteilte Aufmerksamkeit:** Während es in gewissen Spielsituationen sinnvoll ist, die eigene Aufmerksamkeit zu selektieren, ist in anderen Situationen eine parallele Verarbeitung mehrerer Informationen an unterschiedlichen Orten erforderlich (vgl. Coull, 1998).

So müssen Spieler in der Lage sein, ihre Aufmerksamkeit parallel auf mehrere Dinge gleichzeitig zu lenken. Es geht darum, Informationen aus verschiedenen Quellen zu verarbeiten und gleichzeitig mehrere Aufgaben zu erfüllen.

*Ein Mittelfeldspieler kontrolliert den Ball und muss dabei gleichzeitig nach freien Mitspielern Ausschau halten, um einen präzisen Pass zu spielen. Dabei muss er nicht nur den Ball aufmerksam führen, sondern auch die Bewegungen seiner Teamkollegen und Gegner aufmerksam verfolgen, um die beste Entscheidung zu treffen.*

*Im Konterspiel dribbelt ein Stürmer auf die verbleibenden Innenverteidiger zu. Während er in Richtung des gegnerischen Tores läuft, muss er seine Aufmerksamkeit einerseits auf die Innenverteidiger und andererseits auf die Bewegungen seiner unterstützenden Mitspieler richten, damit er eine gute Entscheidung treffen kann.*

Vergegenwärtigen wir uns das letzte Beispiel: Wäre der Stürmer nicht imstande, seine Aufmerksamkeit zu teilen, könnte er sich wahrscheinlich bestens auf die Innenverteidiger fokussieren und den idealen Zeitpunkt des Abspiels identifizieren. Allerdings würde er nun vermutlich einen Pass auf Verdacht spielen und sich nicht bewusst für die aussichtsreichere Option zwischen den zwei mitlaufenden Mitspielern entscheiden. Er wüsste also, wann, aber nicht, wohin er spielen sollte.

Aus Trainersicht ist es wichtig, sich vor Augen zu führen, dass eine geteilte Aufmerksamkeit der Spieler bedeutet, dass sie eher in der Lage sind, taktische Lösungen zu entwickeln und zusätzlich künstlerische Lösungen in ihr Repertoire an möglichen Entscheidungen zu integrieren (vgl. Memmert, 2011, S. 93 ff.).

Spätestens an dieser Stelle stellt sich mir die Frage, ob alle Spieler mit den gleichen Fertigkeiten in der Aufmerksamkeit bestückt sein müssen. Gerade mit Blick auf die Positionierung auf dem Spielfeld dürfte es klar sein, dass Spieler im Zentrum und in den Halbfeldern - und es liegt in der Natur der Räume - vielfältigere Handlungsoptionen haben als Spieler, die primär am Flügel agieren. Aus diesem Grund haben sie höhere Anforderungen an ihre geteilte Aufmerksamkeit. Ein Umstand, der in der Trainingskonzeption berücksichtigt werden sollte.

### 3.4.3 ANTIZIPATION

Welche Fertigkeiten spielen neben der Wahrnehmung und Aufmerksamkeit auch noch eine Rolle und zeichnen starke Entscheider wie Xavi Hernandez und Kevin De Bruyne aus?

In der Literatur zu Kognitionen im Kontext von Sportspielen wird die „Antizipation" von Memmert (2019) angeführt und diskutiert.

Loffing & Cañal-Bruland (2017, S. 6 ff.) sehen in der Antizipation eine entscheidende Rolle, um dort erfolgreich zu sein. Hierunter verstehen sie die gedankliche Vorwegnahme von Spielsituationen.

Nachdem die voraussichtlichen Absichten des Gegners erahnt wurden, werden eigene Gegenmaßnahmen zur erfolgreichen Lösung des gegenwärtigen Problems ausgeführt. Da in Sportspielen die Handlungen oftmals in Bruchteilen von Sekunden geschehen, ist es besonders hilfreich, die Aktionen des Kontrahenten rechtzeitig zu antizipieren, um ausreichend Zeit für die eigene Entscheidung und Ausführung zu haben (vgl. Williams, 2009, S. 73 ff.).

Bereits 1987 konnten Abernethy & Russell (S. 326 ff.) in ihren Studien zeigen, dass Leistungssportler stärkere Leistungen in der Antizipation als Freizeitsportler vorweisen. Dies ermöglicht ihnen, in künftigen Situationen bessere Prognosen zu treffen.

Nicht umsonst finden sich ehemalige Leistungsfußballer auf den Plätzen von Amateurvereinen am Ende ihrer Laufbahn wieder und kompensieren eine fehlende körperliche Fitness mit einer hohen Antizipationsfähigkeit. Wie lässt es sich so schön sagen: „Das hat er mit Auge gemacht".

Erfahrene Fußballer wissen anscheinend besser, wie sie ihre Informationssuche zu gestalten und auf welche Merkmale sie zu achten haben (vgl. Abernethy et al., 2001, S. 233 ff.)

Die Antizipationsfähigkeit lässt sich dadurch trainieren, indem Fußballer für bedeutsame Bereiche im sportlichen Kontext stimuliert werden. Im Training werden sie mit Spielsituationen konfrontiert, bei denen sie relevante Informationen über die Handlungsabsichten des Gegners sammeln und mit geeigneten Gegenmaßnahmen verbinden. Dabei können wir Trainer die in Punkt 7.2 und 7.3 vorgestellten Methoden des impliziten und expliziten Lernens verwenden. Sie helfen den Spielern Informationen zu filtern, die eine Antizipation der Absichten des Kontrahenten ermöglichen.

Beim expliziten Lernen versuchen die Trainer den Spielern gezielte Hilfestellungen zu geben, wann sie auf welche Informationen achten sollen.

*In der Videoanalyse wird dem eigenen rechten Außenverteidiger gezeigt, dass der kommende Gegner einen linken Flügelspieler hat, der in Häufigkeit im 1 gegen 1 den Weg nach innen sucht.*

*Die Analyse des gegnerischen Spielaufbaus zeigt, dass der eine Innenverteidiger oftmals verdeckte Anspiele über das Standbein nutzt, um die eigenen zentralen Mittelfeldspieler freizuspielen. Wir instruieren unseren eigenen Sechser, dass er diesen Ball antizipieren soll, wovon wir uns eine vielversprechende Balleroberung erhoffen.*

Beim impliziten Lernen soll der Spieler hingegen eigenständig die Informationen aufnehmen und für künftige Antizipationen nutzen.

*Durch das Üben von Elfmeterschießen sammeln Torhüter ein implizites Wissen, wonach sie mit steigender Erfahrung vermehrt auf das Standbein des Schützen achten, um ihre Antizipationsleistung zu optimieren (vgl. Schultz, 2014).*

*In einer Spielform zum Defensivspiel geht es darum, einen Auslöser für das eigene Pressing zu finden. Es soll der gespielte Ball mit einer hohen Intensität attackiert werden. Der Spieler entwickelt hierbei intuitiv ein antizipatives Verständnis, wann dieser Ball gespielt wird und wann nicht. In der Folge lernt er, ein gutes Timing zu entwickeln, und läuft weder zu früh noch zu spät los.*

Bei der Antizipation geht es also darum, Spielsituationen rechtzeitig zu erkennen und darauf entsprechend zu reagieren. Gerade Trainingsformen, die spielnahe Situationen simulieren, eignen sich hervorragend, um nachhaltig die Antizipationsfertigkeiten der Spieler implizit zu verbessern.

### 3.4.4 ENTSCHEIDEN

In diesem Unterkapitel wird dargestellt, inwiefern die im vorherigen Kapitel angeführten leistungsbeeinflussenden, kognitiven Fertigkeiten im Zusammenhang mit der Entscheidungsfindung im Fußball stehen.

Der Entscheidungskompetenz eines Spielers liegen die zuvor dargestellten kognitiven Funktionen zugrunde. Sie beschreibt die Fähigkeiten und Fertigkeiten eines Spielers, in Spielsituationen unter dem jeweiligen Zeit-, Präzisions- und Komplexitätsdruck die jeweils beste Handlungsabsicht auszuwählen. Das jeweilige Entscheidungshandeln steht einerseits mit den eigenen motorischen Möglichkeiten und andererseits mit den an der Spielsituation zusätzlich beteiligten Personen (Mit- und Gegenspieler) in direkter Wechselwirkung (vgl. Höner et al., 2020, S. 511).

In vielen Spielsituationen können Spieler auf mehrere Lösungen zurückgreifen. Wir Trainer sind daran interessiert, dass sich unsere Spieler möglichst oft für die aussichtsreichste Option entscheiden. Mit Blick auf die bestehende Literatur zur Entscheidungsfindung lassen sich je nach sportpsychologischer Denkrichtung unterschiedliche Modelle finden. Im Folgenden sollen die Kernaussagen von zwei Sichtweisen skizziert werden, die einen Bezug zu den zuvor dargestellten kognitiven Fertigkeiten haben.

#### *Motivationspsychologische Sichtweise*

Roth (1989) nimmt bei der Untersuchung taktischer Entscheidungsprozesse eine motivationspsychologische Perspektive ein. Die Auswahl eines Handlungsprogramms zur Lösung der jeweiligen Spielsituation erfolgt nach Roth (1991) auf Grundlage von Erwartungs- und Wert-Kenngrößen, die der Spieler zu vielschichtigen Regeln und Strategien verbindet. Spieler bevorzugen jene Lösungen, die die individuell höchste Handlungsvalenz besitzen. Dabei ist die Handlungsvalenz das Produkt aus der situativen Erfolgswahrscheinlichkeit und der Ergebnisattraktivität.

*Im Aufbauspiel nimmt der Innenverteidiger zwei realistische Optionen zur Spielfortsetzungsmöglichkeit wahr. Der Gegner spielt ein nach außen gelenktes Pressing, sodass die Passoptionen im Zentrum unter hohem Druck stehen. Dabei erkennt der Innenverteidiger, dass der gegnerische Flügelspieler den möglichen Pass auf den Außenverteidiger antizipiert und sich folglich zwei Meter weiter zum Außenverteidiger orientiert. Aufgrund von Spielerfahrungen weiß er um die begrenzten Optionen des Außenverteidigers und gibt ihm einen geringen Wert (0,3). Die Erwartung, den Ball sauber zu ihm zu spielen, ist recht groß (0,9). Das Produkt „Pass zum Außenverteidiger" liegt bei 0,27.*

*Auf der anderen Seite stuft er den Wert zu einem zentralen Mitspieler deutlich höher ein, da er hiermit eine gegnerische Linie mehr überspielen würde und sein eigener 8er lukrativere Spielfortsetzungsmöglichkeiten hätte. Die Wertigkeit dieser Option wird auf 0,5 festgelegt. Aufgrund dessen, dass er den Pressingweg des gegnerischen Flügelspielers antizipiert, rechnet er sich eine höhere Wahrscheinlichkeit aus, den Ball sauber zum eigenen 8er zu spielen (0,8). Das Produkt „Pass zum 8er" liegt bei 0,4.*

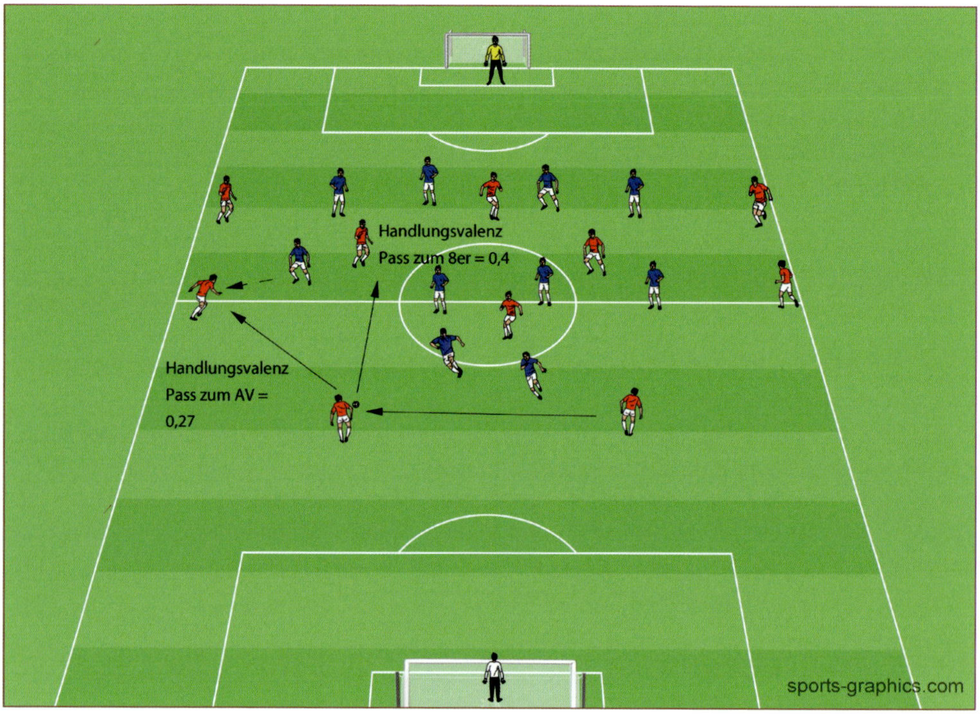


*Abbildung 1: Entscheidungsverhalten in einer Spielaufbauszene in Anlehnung an die motivationspsychologische Sichtweise nach Roth (1989) (eigene Darstellung)*

Folgt man Roth (1991) besitzt die Lösung „Pass auf die 8" die höhere Handlungsvalenz, weshalb sich der Innenverteidiger hierzu entscheiden würde.

Aus Trainersicht müssen wir uns die Frage stellen, ob unsere Spieler imstande sind, in wiederkehrenden Spielsituationen die höchste Handlungsvalenz richtig einzuschätzen.

### *Kognitionswissenschaftliche, dynamisch-integrative Sichtweise*

Farrow und Abernethy (2007) zeigen Parallelen zu Roths (1991) motivationspsychologischer Sichtweise, indem sie anführen, dass die Kenntnis situationsbezogener Wahrscheinlichkeiten Spieler befähigt, Handlungsereignisse in einer Spielsituation einzuschätzen. Sie fußt auf dem Vorwissen des Spielers und der Verarbeitung von spielimmanenten Reizen.

Diese Sichtweise versteht die Entscheidungshandlung aus einem dynamischen Zusammenspiel aus kognitiver Wissensbasis, Reizverarbeitung und motorischen Fähigkeiten und möchte somit die früheren monotheoretischen Ansätze zur Entscheidungsfindung erweitern, die aufgrund eines eingeschränkten Fokus lediglich Teilaspekte der komplexen taktischen Entscheidungsfindung aufgreifen.

Eine zentrale Annahme dieser Sichtweise ist es, dass Entscheidungen durch das Zusammenspiel von Wissensbasis, die als Wenn-dann-Regeln verstanden werden können, der selektiven Wahrnehmung und motorischen Fertigkeiten generiert werden (vgl. Hohmann et al., 2014, S. 131 f.).

*Kehren wir zu der zuvor genannten Spielaufbausituation zurück. Dieses Mal lenkt der Gegner den Spielaufbau jedoch nach innen. Der linke ballführende Innenverteidiger führt den Ball mit seinem linken Fuß und erhält Gegnerdruck vom Stürmer, der den eigenen Außenverteidiger in den Deckungsschatten stellt. Im Wesentlichen stehen ihm drei Optionen zur Verfügung:*

A. Querpass zum rechten Innenverteidiger,
B. diagonaler Flugball auf den rechten Außenstürmer,
C. Pass auf die eigene 6.

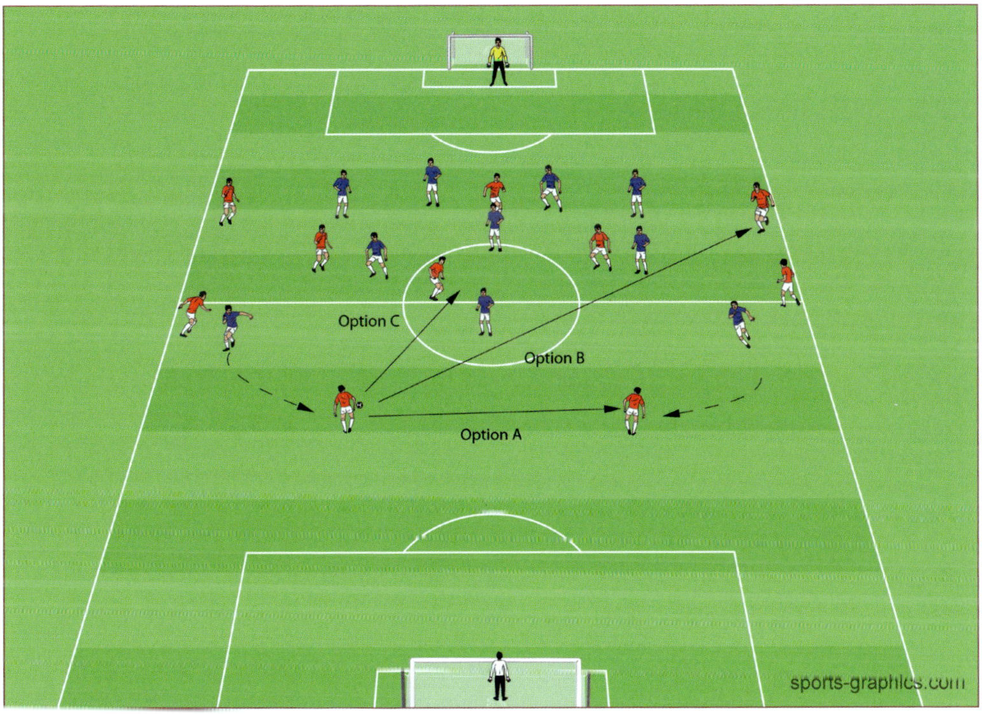


*Abbildung 2: Entscheidungsverhalten in einer Spielaufbauszene in Anlehnung an die kognitionswissenschaftliche, dynamisch-integrative Sichtweise nach Farrow & Abernethy (2007) (eigene Darstellung)*

*Der Innenverteidiger kann aufgrund seiner Spielerfahrung auf eine kognitive Wissensbasis zurückgreifen, die sich als Wenn-dann-Regeln verstehen lassen. Zudem integriert er sein Wissen um seine motorischen Fertigkeiten und die aufgenommenen Reize aus der Spielsituation (wo sind freie Räume, welche Folgeoptionen haben potenzielle Passempfänger usw.). Aus diesem Zusammenspiel entscheidet er sich ebenfalls für den Pass auf den eigenen 6er. Seine erlernten Wenn-dann-Regeln sagen ihm, dass der Pass auf die eigene 6 bei der gegenwärtigen gegnerischen Staffelung, die er zuvor wahrgenommen hat, gepaart mit seinen zur Verfügung stehenden motorischen Fertigkeiten, die beste Entscheidung sei. Zwar wird der Spielaufbau nach innen gelenkt, allerdings sagt ihm seine kognitive Wissensbasis, dass der eigene 6er die Spielsituation erfolgreich lösen kann. Hierfür lässt er die wahrgenommenen Abstände und die antizipierten Handlungen des Gegners in seine Entscheidung mit einfließen. Da der gegnerische Druck noch nicht so hoch ist, bedarf es keines Querpasses zum eigenen Innenverteidiger, der keinen Raumgewinn bedeuten würde. Zwar erscheint der diagonale Flugball grundsätzlich eine lukrative Lösung zu sein, da der Innenverteidiger gelernt hat, dass, wenn der Ball zu seinem rechten Flügelspieler kommt, oftmals Torgefahr entsteht. Sein Mitspieler verfügt schließlich über ein starkes offensives 1 gegen 1. Allerdings müsste er den Ball mit seinem schwachen Fuß über 40 Meter spielen, was er sich nicht zutraut.*

Entsprechend diesem dynamischen und integrativen Ansatz soll der Prozess der Entscheidungsfindung ein wenig verständlicher gemacht werden.

### 3.4.5 SPIELINTELLIGENZ

Im vorherigen Unterkapitel wurde aufgezeigt, wie Entscheidungen im Fußball getroffen werden und wie sehr sie von der Wahrnehmung, Aufmerksamkeit und der Antizipation abhängig sind. Zudem wurde bereits mehrfach die Notwendigkeit von klugen Entscheidern hervorgehoben. Treffen Spieler in Häufigkeit die richtige Entscheidung, gelten sie im Volksmund als „clevere" oder „spielintelligente" Spieler.

Dies lässt sich auch definitorisch belegen:

„In Mannschafts- und Rückschlagsportarten versteht man unter taktischer Spielintelligenz die Produktion von einer Bestlösung zu Problemen in spezifischen individual-, gruppen- oder mannschaftstaktischen Spielsituationen" (Memmert, 2019, S. 46).

Das Finden der Bestlösung gleicht dem konvergenten Denken, wonach stets die Ideallösung gesucht werden soll (vgl. ebd.).

Der Pionier der Spielintelligenz im Fußball Horst Wein (2016, S. 33 f.) betont, dass die Spielintelligenz als psychologisches Konstrukt nicht nur genetisch determiniert, sondern auch im hohen Maße entwicklungsfähig sei. Spielintelligente Spieler zeichnen sich durch eine hohe Qualität in der Entscheidungsfindung aus.

### 3.4.6 SPIELKREATIVITÄT

Mesut Özil, ehemaliger deutscher Nationalspieler und Weltmeister, stach mit seinen vertikalen Pässen heraus, bei denen er oftmals eine hohe Anzahl an Gegenspielern überspielte. Angesichts der Tatsache, dass es sich bei dieser Gabe um einen Leistungsindikator handelt, der mit einem positiven Ausgang des Spiels korreliert, ist dies eine Fähigkeit, die gefragter als jemals zuvor ist (vgl. Memmert, 2017, S.167 ff.).

Diese Bälle von Özil waren oftmals nicht die zu erwartenden Pässe, auf die sich die verteidigende Mannschaft hätte einstellen können. Im Profifußball sieht man immer wieder enge Spiele, die mit einer einzigen Aktion entschieden werden. Nicht selten handelt es sich dabei um genau diese kreativen, unerwarteten Lösungen von Spielern, die den berüchtigten „Unterschied" ausmachen können.

Mannschaften, denen Kreativität als Spielkomponente fehlt und die sich zu stark auf Automatismen versteifen, lassen sich in Zeiten der modernen Spielanalyse gut entschlüsseln.

Neben dem eben dargestellten konvergenten Denken (Spielintelligenz) scheint also ein weiterer Denkprozess, das divergente Denken (Spielkreativität), eine wichtige Rolle im Fußball zu spielen.

Memmert (2019, S. 50) definiert das divergente Denken wie folgt:

„In Mannschafts- und Rückschlagsportarten versteht man unter taktischer Kreativität die Generierung zahlreicher Lösungen zu Problemen in spezifischen individual-, gruppen- oder mannschaftstaktischen Spielsituationen, die als überraschend, selten und/oder originell bezeichnet werden können".

Es kann also festgehalten werden, dass neben der Spielintelligenz auch die Spielkreativität im Rahmen der Entscheidungskompetenz eine wichtige Rolle spielt.

### 3.4.7 INTUITION

Das Kapitel zu den kognitiven Fertigkeiten soll mit dem Unterkapitel zur Intuition abgeschlossen werden. Hinsichtlich der Zielgruppe des Buches, dem Leistungsfußball, ist es naheliegend, dass die Spieler auf die hohen Anforderungen an Zeit und Raum auf diesem Niveau vorbereitet werden müssen.

Sollten Spieler Spielsituationen auf dem Niveau bewusst wahrnehmen und durchdenken, würden die meisten Lösungen zu viel Zeit beanspruchen. Vielmehr sind schnelle Entscheidungen gefragt. Hierfür greifen Spieler auf ihre bisherigen abgespeicherten Erfahrungen zurück (siehe kognitive Wissensbasis) und kombinieren sie mit den wahrgenommenen Reizen (siehe Wahrnehmung, Aufmerksamkeit und Antizipation). Denkbare Interpretationen dieser zusammentreffenden Informationen (siehe dynamisch-integrative Sichtweise) werden in der Kürze der

Zeit automatisch gegeneinander abgewogen, ehe sich ein kohärentes Gefühl für die richtige Entscheidung einstellt (siehe Handlungsvalenz) (vgl. Schumann, 2021, S. 316).

Und genau dieses Gefühl wird in der Psychologie als Intuition verstanden: „Urteile und Bewertungen, die schnell, unwillkürlich und mit hoher Überzeugungskraft ins Bewusstsein treten, nennt man intuitiv. Das Resultat einer Intuition ist bewusst, während der Prozess, wie die Intuition zustande kommt, automatisch, mühelos und dem Bewusstsein nicht zugänglich ist" (Pfister et al. 2017, S. 350).

Aus einer Vielzahl an Möglichkeiten sollten Spieler also intuitiv Entscheidungen treffen, ohne lange darüber nachzudenken.

Auch Studien belegen, dass Spieler mit einem hohen Erfahrungsschatz bessere Lösungen finden, wenn sie sich auf ihr erstes Gefühl verlassen und die schnelle Lösung präferieren. Gigerenzer & Gaissmaier (2015) konnten zeigen, wie das Nachdenken über alternative Optionen im Schnitt zur Wahl weniger aussichtsreicher Lösungen führt.

Inhaltliche Trainervorgaben bedeuten noch lange nicht, dass Spieler diese Vorgaben intuitiv, sprich automatisiert, abrufen können. In einem Fußballspiel auf hohem Niveau kannst du nicht alle Situationen lösen, indem du dich im Moment der Spielsituation an die Trainervorgaben erinnerst - keine Chance, du wirst meistens den Schritt zu spät kommen.

Das Spiel lässt sich auch nicht auf jede einzelne Situation vorbereiten. Hierfür ist es einfach zu komplex, sodass es immer wieder zu unerwarteten Momenten kommt, die eigenständig intuitiv gelöst werden müssen.

Wir alle kennen Phasen von Mannschaften, die zu viel nachdenken und daher wie blockiert spielen. Meistens befinden sie sich in schwierigen Situationen wie dem Abstiegskampf oder haben zuvor eine Reihe von Niederlagen durchlebt. Der gezielte Umgang mit diesen Momenten bedarf psychischer Fertigkeiten, damit der Kopf „frei" ist - die Grundlage für intuitives Spielen.

## 3.5 PSYCHISCHE FERTIGKEITEN

Im vorherigen Abschnitt zur Intuition haben wir gesehen, wie ein zu starkes Nachdenken auf dem Platz die für den Leistungsfußball unabdingbare Intuition blockieren kann. Es lässt sich auch nicht immer vermeiden, Negativerlebnisse im Fußball zu verbuchen. Sie können sich sowohl auf ein einzelnes Spiel (Rückstand, vergebene Torchance, gelbe Karte ...) als auch auf eine längere Saisonphase (verlorener Stammplatz, Verletzung, Serie von Niederlagen ...) beziehen. Damit man sich davon befreien und somit wieder intuitiv Fußball spielen kann, bedarf es verschiedener psychischer Fertigkeiten. Wir Trainer sind uns des vielschichtigen Anforderungsprofils von guten Fußballern bewusst. Neben den bereits dargestellten Leistungskomponenten Technik, Athletik und Kognitionen wird dieses Profil nun durch die psychischen Fertigkeiten komplementiert. Während es den meisten Trainern leicht von der Hand geht, technische (z. B. Fintieren, erster Kontakt, Kopfballspiel) und athletische Bausteine (z. B. Schnelligkeit, Kraft) zu benennen, dürfte es analog zu den kognitiven Fertigkeiten auch bei den psychischen schwerer sein, sie präzise zu erläutern.

Ich bringe zu diesem Kapitel über die Trainerausbildung hinausgehende Kenntnisse mit. Wissen durch ein aktuell noch laufendes Promotionsstudium zum Einfluss der Persönlichkeit auf das Leistungsvermögen und den Karriereverlauf im Profifußball hat mich dazu veranlasst, mich hier tiefgründiger mit psychischen Fertigkeiten im Fußball zu beschäftigen.

Wie häufig wird auch jenseits der Stammtischparolen nach Niederlagen „Mentalität" gefordert? Und was versteht man überhaupt darunter? Mir wird die Mehrheit der Leserschaft Recht geben, dass es neben dem fußballerischen Talent auch ein Talent im Kopf gibt, das darüber entscheidet, wie viel Potenzial von den fußballerischen Qualitäten abgerufen werden kann. Nicht umsonst bleiben Spieler sowohl im Jugend- als auch im Erwachsenenfußball langfristig auf der Strecke, die keine leistungsfördernden Muster im Denken, Fühlen und Verhalten besitzen – während der eigentlich als talentfrei geltende Mitspieler auf einmal auf der Überholspur auftaucht.

In der darwinschen Evolutionstheorie spricht man nach wie vor von „survival of the fittest" (vgl. Reece et al., 2016, S. 599 ff.).

Das Überleben des am besten angepassten Lebewesens. Doch wer ist auf den Leistungsfußball übertragen am besten angepasst? Ist man auf den Leistungsfußball im Erwachsenenfußball vorbereitet, wenn man in der Jugend möglichst viele Spielsysteme und Spielprinzipien der jeweiligen Ausbildungsmannschaft verinnerlicht hat? Oder reicht es aus, ein Mentalitätsmonster – bei zeitgleich vorhandenen Defiziten im Spielverständnis – zu sein? Oder was ist mit den Spielern, die fußballerisch und charakterlich alles mitbringen, um es in den bezahlten Profifußball zu schaffen, jedoch Probleme haben, mit Druck umzugehen? Kann diese mangelnde Druckresistenz so entscheidend sein, dass sie das eigentlich vorhandene Potenzial überschattet und sich als „Karrierekiller" erweist? Die gezielte Frage nach den zentralen Fertigkeiten scheint wichtige Antworten für die Trainingskonzeption, die Führung der Mannschaft und vor allem für den Ausbildungsbereich von Nachwuchsspielern zu liefern.

Natürlich ist es immer leicht gesagt, man bräuchte wieder vermehrt charakterstarke Spieler. Aber bieten wir insbesondere den heranwachsenden Talenten, die es irgendwann in den Profifußball schaffen sollen, überhaupt eine gezielte Hilfe, um „Mentalität" zu entwickeln?

Und ist es damit getan, in Spieltagsbesprechungen „Mut" einzufordern, oder den Spielern zu sagen, „dass sie unabhängig von Rückschlägen im Spiel weitermachen sollen"?

Sowohl in der trainingswissenschaftlichen Fachliteratur als auch in den absolvierten Lizenzausbildungen lassen sich Modelle zur fußballerischen Leistungsfähigkeit finden, die alle die Psyche, die synonym auch unter Persönlichkeit zusammengefasst wird, aufgreifen.

In Anlehnung an Asendorpf & Neyer (2018) wird unter Persönlichkeit die Gesamtheit der Persönlichkeitseigenschaften eines Menschen verstanden. Relevant sind die individuellen Besonderheiten in der körperlichen Erscheinung und die Regelmäßigkeit des Verhaltens und Erlebens.

Persönlichkeit umfasst also ein breites Spektrum an Eigenschaften. Mir stellt sich die Frage, ob entsprechend der Modelle alle Eigenschaften auch im Kontext von Leistungsfähigkeit im Fußball zu verstehen sind oder ob es nicht spezielle Eigenschaften gibt, die starken Einfluss auf die Spielleistung haben und somit eine gezielte Förderung benötigen. Es ist nahezu unmöglich - und vermutlich auch gar nicht notwendig, eine Fülle von Persönlichkeitseigenschaften gezielt zu entwickeln.

So wie ich von unverhandelbaren positionsspezifischen Kompetenzen spreche, so möchte ich die Frage in den Raum stellen, ob es nicht auch unverhandelbare psychische Fertigkeiten gibt, über die Spieler im Leistungsfußball verfügen sollten.

In der Entwicklungspsychologie gibt es nach Havighurst (1972) zentrale Entwicklungsaufgaben, die ein Mensch im Laufe seiner Entwicklung bewältigen muss, damit von einer gelungenen Sozialisation in der Gesellschaft gesprochen werden kann. Betrachten wir die dahinterstehende Idee und übertragen sie auf den Leistungsfußball: Wird die Entwicklung solcher psychischen Fertigkeiten im Sinne von unverhandelbaren Kompetenzen als notwendig betrachtet? Können sie womöglich sogar ein Indikator für den „survival of the fittest" sein?

Es lässt sich im Fußball gar nicht vermeiden, mit Niederschlägen unterschiedlichster Art in Berührung zu kommen. Was passiert mit einem Spieler, der über keinen adäquaten Umgang mit diesen Situationen verfügt? In jedem Nachwuchsleistungszentrum - und auch in ambitionierten Vereinen, die nicht unter der Bezeichnung NLZ geführt werden - lauern jedes Jahr über 20 Spieler aus einer U19-Mannschaft auf einen der begrenzten Kaderplätze eines Profivereins. Kann ein Talent den Sprung in ein Geschäft, in dem die Nachfrage von potenziellen Spielern das Angebot der vorhandenen Kaderplätze eindeutig übersteigt, ohne ausgeprägte Eigenmotivation überhaupt schaffen?

Selbstverständlich gibt es immer wieder Überflieger, die so viel Talent besitzen, dass es sich gar nicht vermeiden lässt, sie eines Tages bei Sky auflaufen zu sehen. Auch bei ihnen geht es im Grunde genommen darum, ihr außergewöhnliches Potenzial abzurufen. Ich werde keine Namen nennen, um Spieler nicht zu diffamieren. Aber wie viele Spieler gibt es im Profifußball, die mit viel Talent gesegnet sind und es bei Weitem nicht schaffen, es dauerhaft abzurufen? Fehlt es ihnen möglicherweise an diesen unverhandelbaren psychischen Fertigkeiten, die im Sinne von Entwicklungsaufgaben eigentlich Bestandteil ihrer Ausbildung im Jugendfußball hätten sein müssen?

Eine retrospektive Analyse ihrer Zeit im Jugendfußball hätte wahrscheinlich die noch heute omnipräsenten Probleme identifiziert: Das Know-how zur Persönlichkeitsentwicklung im Fußball ist unzureichend und findet oftmals nur beiläufig statt. Während ein Teil der fußballerischen Sozialisation vieler Spieler damals noch auf Bolzplätzen stattgefunden hat, findet sie aufgrund gesellschaftlicher Veränderungen (Entfall der Straßenspielkultur, verändertes

Freizeitverhalten, Nachmittagsunterricht, früherer Einstieg in ein Nachwuchsleistungszentrum ...) heute primär in den Ausbildungszentren der Profivereine statt.

Wir sollten uns vor Augen führen, dass die aus der Umwelt kommenden Reize einen starken Einfluss auf die Persönlichkeitsentwicklung haben (vgl. Hüther, 2017). Ein Nachwuchsleistungszentrum stellt eine andere Umwelt als ein Bolzplatz dar. Folglich werden unterschiedliche Persönlichkeitseigenschaften angesprochen und entwickelt.

Auf welche Art und Weise diese Charaktereigenschaften auch zustande kommen, es ist zunächst wichtig, herauszuarbeiten, welche wir als Trainer davon gezielt entwickeln sollten.

Um diese Frage zu beantworten, habe ich mich der Thematik aus zweierlei Perspektiven angenähert:

Zunächst habe ich den aktuellen Forschungsstand abgeglichen und geprüft, ob es einen wissenschaftlichen Zusammenhang zwischen spezifischen Persönlichkeitseigenschaften und der Leistungsfähigkeit im Profifußball gibt. Leider lässt sich hierzu nur eine Studie finden, und zwar von Van Yperen (2009), die die psychologischen Faktoren identifiziert, die den Karriereerfolg im professionellen Erwachsenenfußball vorhersagen.

Insgesamt gibt es weitere Studien, die den Einfluss von Persönlichkeitseigenschaften auf das Leistungsvermögen untersucht haben. Jedoch handelt es sich sowohl um andere Sportarten als auch um verschiedene Altersbereiche, sodass eine Vergleichbarkeit aufgrund des heterogenen Studiendesigns schwierig ist.

Mittlerweile komme ich auf zehn Jahre Trainererfahrungen. Diese Erkenntnisse möchte ich nicht unberührt lassen, sodass ich hieraus leistungsdienliche Eigenschaften herausgearbeitet habe.

Mit den hier aufgeführten psychischen Fertigkeiten erhebe ich keinen Anspruch auf Vollständigkeit. Sicherlich ließe sich die Liste fortführen. Um mich nicht zu verlieren, habe ich mich für die folgenden fünf Fertigkeiten entschieden, die ein Abbild des aktuellen Forschungsstands und meiner Trainererfahrungen sind.

### 3.5.1 SELBSTWIRKSAMKEITSERWARTUNG

Nach Bandura (1997) wird unter der Selbstwirksamkeitserwartung die subjektive Überzeugung, herausfordernde Situationen mittels der eigenen Kompetenzen zu bewältigen, verstanden.

Im fußballerischen Kontext bezieht sich die Selbstwirksamkeitserwartung also darauf, wie sehr ein Spieler glaubt, in der Lage zu sein, die jeweiligen Aufgaben auszuführen, um erfolgreich in dem Spiel zu sein. Dieser Glaube kann einen erheblichen Einfluss auf seine Leistung haben.

Wir alle kennen das Gefühl, dass es uns nach Erfolgserlebnissen wesentlich besser gelingt, mit einer optimistischen Haltung an die kommenden Aufgaben zu gehen.

Es ist irrelevant, ob die eigene Überzeugung sich mit der des Trainers oder weiterer Experten deckt. Wichtig ist, dass der Spieler es für möglich hält, durch den Einsatz seiner Fertigkeiten positiven Einfluss auf das Spielgeschehen zu nehmen. Auf der anderen Seite kennen wir aber auch alle das lähmende Gefühl nach einer Reihe von Misserfolgen - Ausdruck einer geringeren Selbstwirksamkeitserwartung.

Dabei wirkt die Selbstwirksamkeitserwartung auf verschiedensten Wegen. Aufgrund der Überzeugung, Herausforderungen meistern zu können, werden Motivation und Anstrengungsbereitschaft gesteigert. Darüber hinaus sind Spieler mit einer hohen Selbstwirksamkeitserwartung eher bereit, sich durch Rückschläge und Schwierigkeiten durchzukämpfen (vgl. Bandura, 1997, S. 3).

Ich werde den meisten Lesern nicht viel Neues erzählen, indem ich den Zusammenhang von Selbstwirksamkeitserwartung und Leistungsvermögen darstelle.

Vielleicht kann ich aber Denkanstöße mit an die Hand geben, indem ich die vier Quellen der Selbstwirksamkeitserwartung erläutere und mit praktischen Beispielen aus dem Fußball versehe.

Bandura (1997) zufolge entsteht die Selbstwirksamkeitserwartung durch die erfahrungsbasierte kognitive Verarbeitung und Interpretation von Informationen aus vier möglichen Quellen.

### 1) Eigene Erfolgserfahrung

Sie stellt die wichtigste Quelle der Selbstwirksamkeitserwartung dar und bedient sich des Erfahrungsschatzes bereits erlebter Situationen. Als Trainer haben wir über diverse Werkzeuge die Möglichkeit, diese Quelle anzusteuern. In meiner Masterarbeit kristallisierte sich die **„Stärkenorientierung"** als eine der zentralen Führungskompetenzen von Profitrainern heraus.

Ein Ausschnitt aus dem Interview mit dem langjährigen Bundesligatrainer des SC Freiburg Volker Finke zeigt, dass wir Trainer Trainingsformen so konzipieren können, dass Spieler eigene Erfolgserfahrungen verbuchen können:

*„(...) sondern dass man einfach einen kleinen Trainingsinhalt mal reinbringt, wo man ganz genau weiß, dass er das besonders gut kann. Ich habe das, ich habe das mal mit Spielern gemacht, wo die eine wahnsinnige Grundschnelligkeit hatten und wenn bei denen dann im spielerischen Bereich mal Defizite waren, die dahin führten, dass sie ihr Selbstbewusstsein verloren haben oder so, dann habe ich eben in einer Woche nicht einmal, sondern zweimal die Lichtschranken aufgestellt." (Volker Finke)*

Ein Spieler, der in den letzten Wochen Tore wie am Fließband geschossen hat, wird sich vermutlich eher einen Abschuss aus der Distanz zutrauen als ein Spieler, der zuletzt viele Torchancen liegenlassen hat.

### 2) Stellvertretende Erfahrungen

Gelingt es anderen Spielern bzw. Mannschaften mit vergleichbaren Erfahrungen, herausfordernde Aufgaben zu meistern, erhöht dies die eigene Selbstwirksamkeitserwartung.

*In der Halbzeit liegt die Mannschaft 1:2 zurück - und der Trainer ruft den Spielern ins Gedächtnis, dass es vor zwei Wochen eine Mannschaft mit weniger Punkten auch geschafft hat, das Spiel gegen den aktuellen Gegner noch zu drehen.*

### 3) Verbale Persuasion

Eine weitere Quelle ist die verbale Persuasion, unter der eine verbale Ermutigung verstanden wird. Gelingt es dem Gesprächspartner, dem Spieler gut zuzureden, kann dessen Selbstwirksamkeitserwartung erhöht werden. Ein guter Trainer versteht es, die Spieler und die Mannschaft in ihren Kompetenzen zu stärken, indem er sie verbal unterstützt und aufbaut. Viele von uns werden sich selbst an eigene Trainer zurückerinnern, denen es gelungen ist, ihren Spielern ein „gutes Gefühl" zu geben - sie haben sich vermutlich intuitiv der verbalen Persuasion bedient.

*„Unabhängig davon, wie gut der Spitzenreiter ist: Es ändert nichts an der Tatsache, dass wir in den letzten sechs Spielen als Mannschaft hervorragend verteidigt und lediglich vier Gegentore bekommen haben. Gelingt es uns heute erneut, uns über eine mannschaftliche Geschlossenheit zu definieren, wird sich auch der heutige Gegner die Zähne an uns ausbeißen und wir werden realistische Chancen auf drei Punkte haben".*

Selbstverständlich sollten solche Aussagen, wie in dieser fiktiven Teambesprechung, authentisch sein, da Spieler andernfalls die Absichten des Trainers durchschauen und die erhofften Wirkungen auf die Selbstwirksamkeitserwartung ausbleiben.

### 4) Physiologische und affektive Zustände

Die vierte und letzte Quelle stellt die körperlichen und emotionalen Zustände dar. Der Grad der emotionalen und physischen Verfassung nimmt unmittelbaren Einfluss auf die Selbstwirksamkeitserwartung. Während ein schlechter Gemütszustand die Selbstwirksamkeitserwartung tendenziell sinken lässt, kann sie ein positiver Gemütszustand steigern.

*Nach intensiven Einheiten in der Sommervorbereitung steht ein Testspiel vor der Tür. Aufgrund der hohen Belastungen fühlen sich viele Spieler ausgelaugt und schlapp. Ihre Selbstwirksamkeitserwartung ein gutes Spiel zu absolvieren, ist folglich geringer, als würden sie sich in einem frischen Zustand befinden.*

### 3.5.2 COPINGSTRATEGIEN

Der Sportpsychologe Dr. Christian Spreckels (2022) beschreibt verschiedene Quellen von Stressoren im Profifußball, denen die Spieler ausgesetzt sind. Ob Druck im Wettbewerb, der Umgang mit Verletzungen oder Niederlagen - auch hier ließe sich eine potenziell sehr lange Liste an belastenden Situationen erstellen, die eine gezielte Bewältigung erfordern.

Der Umgang mit Stressoren wird in der Literatur vermehrt unter Copingstrategien diskutiert. Doch nicht immer verwenden Spieler Copingstrategien, die ihnen helfen, mit den belastenden Situationen zurechtzukommen. Während es Spieler gibt, die einen gesunden Umgang pflegen, verlieren sich andere in Gedanken, Emotionen und Verhaltensweisen, die sich als nicht förderlich erweisen.

Unabhängig von der gewählten Copingstrategie: Sie haben Einfluss auf das Leistungsvermögen von Fußballern, was auch in mehreren Studien nachzulesen ist (vgl. u. a. Van Yperen, 2009; Secades et al., 2016).

Prinzipiell können Situationen sowohl im Wettbewerb als auch außerhalb des sportlichen Wetteiferns als Beispiele für die Anwendung von Copingstrategien herangezogen werden.

*In der ersten Runde des DFB-Pokals gerät ein Bundesligist bei einem Drittligisten früh in Rückstand. Die Emotionen kochen über. Das Heimstadion des Letzteren wird zum Hexenkessel und es herrscht eine aufgeladene Atmosphäre. Allmählich bemerkt der favorisierte Bundesligist, es könnte ein langer Nachmittag werden. Dass er nach wie vor über die besseren fußballerischen Fertigkeiten verfügt, sollte eigentlich losgelöst vom Rückstand deutlich werden. Allerdings hat die Art und Weise der Bewältigung einen erheblichen Einfluss darauf, ob dieser Klassenunterschied im weiteren Verlauf des Spiels sichtbar wird. Während es einigen Mannschaften gelingen wird, sich auf das eigene Spiel zu konzentrieren und an ihre Stärke zu glauben, schaltet sich bei anderen der Kopf ein. Einfache Ballverluste werden als frustrierend erlebt und bringen die Spieler vollkommen aus dem Spiel. Mit steigender Spieldauer keimt womöglich ein Schamgefühl auf, das sich bei einem möglichen Ausscheiden in der ersten Runde einstellen würde.*

Sich in solchen Situationen auf hilfreiche Copingstrategien zu stützen, garantiert nicht, das Spiel noch zu drehen. Es hilft allerdings, das eigene Können abzurufen; das erhöht die Wahrscheinlichkeit, die drohende Blamage abzuwenden.

Meinen Erfahrungen zufolge sind sich Spieler insbesondere im Wettbewerb ihrer Copingstrategien weniger bewusst und besitzen zudem nicht immer die Fähigkeit, sie in Extremsituationen gezielt einsetzen zu können.

Nicht jede Leistungsmannschaft kann sich einen Sportpsychologen erlauben beziehungsweise sperrt sich einer solchen Personalie. Doch bei ehrlicher Selbstreflexion: Welcher Trainer verfügt über das psychologische Know-how, Spieler hinsichtlich ihrer Copingstrategien zu verbessern?

*Was Hänschen nicht lernt, lernt Hans nimmermehr? – Ist es also nicht mehr möglich, solche Fertigkeiten im Erwachsenenalter noch zu erlernen?*

In der Neurobiologie spricht man von plastischen Entwicklungsphasen des Gehirns. Zwar lassen sich neben motorischen auch kognitive Programme leichter im Kindes- und Jugendalter erlernen. Nichtsdestotrotz steht das Konzept der Neuroplastizität für die lebenslange Fähigkeit des Gehirns, neuronale Verbindungen im Nervensystem zu verändern. Die Entwicklung des menschlichen Gehirns ist ein sich selbst organisierender Prozess, der durch die Interaktion mit der Außenwelt gelenkt wird. Das Gehirn erweist sich demnach als erfahrungs- und nutzungsabhängiges Organ (vgl. Täuber & Obermaier, 2018).

Bereits im Ausbildungsfußball sollte der Umgang mit Stress gezielt gelernt und entwickelt werden. Spieler müssen hiermit Erfahrungen machen und in dem Prozess professionell begleitet werden. So lassen sich langfristig hilfreiche neuronale Verbindungen aufbauen, die sie künftig in Drucksituationen abrufen können.

Die Kritik, Fußballer könnten im Vergleich mit professionellen Athleten anderer Sportarten mit Widrigkeiten wie Foulspielen oder einem hohen Trainingspensum schlechter umgehen, wird so schnell kein Ende nehmen. Es ist nicht meine Absicht, hierzu ausführlich Stellung zu beziehen. Vielmehr möchte ich Inspirationen bieten, um von anderen Sportarten zu lernen. Entsprechend seiner intensiven Trainingsbelastungen dürfte der Ausnahmetriathlet Jan Frodeno einen regelmäßigen Kampf gegen seinen inneren Schweinehund führen. Wen würde es angesichts dieser starken Stressoren wundern?

In seiner Biografie gewährt Jan Frodeno (2018) Einblicke in seine innere Welt und offenbart seine Gedankengänge in herausfordernden Momenten. In beiden Zitaten wird zudem deutlich, welchen Stellenwert er Copingstrategien im Triathlon einräumt – und dass es zu einem „guten Triathleten" dazugehört, auch intelligent mit diesen Situationen umzugehen.

*„Rein körperlich sind alle Triathleten der Weltspitze extrem fit, bestens vorbereitet und trainiert. Und sie alle erleiden Schmerzen, wenn die Grenzen der physischen Belastbarkeit näherkommen. Ich selbst sage mir dann stets: Wenn es mir wehtut, bringt es die anderen um. Der Schmerz ist der Bruder des inneren Schweinehunds. Mit beiden bin ich per du." (Jan Frodeno)*

*„Mit steigender Renndauer werden die Höhen und Tiefen extrem viel anspruchsvoller für den Triathleten. Eine GPS-Uhr hilft mir beim Laufen, mein Zieltempo so lange wie möglich zu halten, denn mein inneres Tempogefühl wird hier unzuverlässig. Und irgendwann kommt dann sowieso der Punkt, an dem alle Daten ganz egal sind. Da geht es nur noch darum, nicht aufzugeben, durchzuhalten, Willenskraft zu behalten. Alles tut weh, und der innere Dialog entscheidet über Sieg und Niederlage." (Jan Frodeno)*

Wir nehmen also mit, dass das Gehirn sowohl im Kindes- und Jugendfußball als auch noch im Erwachsenenfußball in der Lage ist, leistungsdienliche Copingstrategien zu erlernen. Natürlich ist es leichter und empfehlenswert, heranwachsende Talente bereits frühzeitig im konstruktiven Umgang mit Widrigkeiten im Fußball zu unterstützen. Jedoch kann auch noch im Seniorenfußball hieran gearbeitet werden.

Es lässt sich gar nicht vermeiden, mit solchen Situationen konfrontiert zu werden. Das fiktive DFB-Pokal-Beispiel, das in jeder Pokalsaison zum reellen Albtraum einiger Bundesligisten wird, macht deutlich, dass in der Phrase „Mentalität schlägt Qualität" ein Hauch Wahrheit steckt. Aus Sicht des Favoriten könnten in solchen Momenten funktionale Copingstrategien die passende Antwort sein, die eigene Qualität durchzubringen und in die nächste Runde einzuziehen.

### 3.5.3 WILLENSKRAFT

Das Unterkapitel zur Willensstärke möchte ich mit einer von mir erlebten Anekdote aus meiner Trainerlaufbahn beginnen.

*Wir alle kennen den von Spielern nicht allzu beliebten Shuttle-Run-Test zur Erfassung der maximalen Sauerstoffaufnahmefähigkeit. In der U15 von Werder Bremen haben wir den Test zwei Mal pro Saison durchgeführt. In meinen Augen befindet sich in dem Jahrgang ein Spieler mit hervorragenden fußballerischen Anlagen und mit einer klaren Persönlichkeit. Da er in den bisherigen Altersstufen die Erfahrung gemacht hat, dass bei seinem Talent 95 % Willenskraft reichen würde, habe ich ihn nicht immer dabei erlebt, das Maximum aus seinem Körper herauszuholen. Für mich ein kleiner Dorn im Auge. Schließlich habe ich bei dem Jungen Fantasie und weiß zugleich, dass 95 % irgendwann nicht mehr reichen werden. In dem ersten Test wurde er Zweiter. Bei 20 Spielern ist das grundsätzlich ein bemerkenswertes Ergebnis. Ich habe auch eine hohe Leidensfähigkeit des Spielers wahrgenommen – es ist also nicht so, dass er sich nicht verausgabt hätte. Nach dem Training habe ich ihn mir zur Seite geholt und ihm meine ehrliche Einschätzung mitgeteilt: „Mit deinem Talent kannst du weit kommen. Aber nur talentiert zu sein reicht nicht. Auf den letzten Metern brennt es überall und es kommt dann darauf an, wer es mehr will. Derjenige, der den Schmerz länger ertragen kann, gewinnt dann oftmals das Rennen. Wenn du im Fußball weiterkommen willst, gewinnst du in einem halben Jahr den Lauf."*

*Sechs Monate später gewann er das Rennen – wohlgemerkt wurde der vorherige Sieger Zweiter. Ein Spieler mit einer extremen Ausdauerfähigkeit und Willensstärke. Anscheinend ist meine Message angekommen. Erst neulich habe ich den damaligen U15-Spieler, der heute in der U19 von Werder Bremen spielt, besucht. Wir haben uns ein wenig über die damalige Zeit unterhalten. Die Geschichte war mir zu dem Zeitpunkt nicht mehr gänzlich präsent. Für ihn jedoch schon. Er konnte mir jedes Detail nennen. Für mich ein wichtiges Learning: Prägungen im Jugendfußball können sehr nachhaltig sein und Jugendtrainer sollten sich bewusst Zeit für ihre Spieler nehmen, um ihren Charakter auf den Leistungsfußball vorzubereiten.*

Wir Menschen unterliegen dem biologischen Programm, Risiken zu minimieren und Energien zu sparen. Sich unnötigen Risiken auszusetzen, konnte früher den Tod bedeuten. Energie, die für die Jagd, nicht gefressen zu werden und für die Fortpflanzung vorgesehen war, musste dosiert eingesetzt werden. In der Konsequenz wurden Risiko und Anstrengung vermieden. Das Programm ist nach wie vor in unserem Gehirn verankert und spielt auch im 21. Jahrhundert eine Rolle. Während es vor 10.000 Jahren noch sinnvoll war, blockiert es uns heutzutage bei der Erreichung von Zielen. Sich gegen die eigenen biologischen Fesseln durchzusetzen – nämlich etwas zu tun, das Anstrengungsbereitschaft fordert, bedarf Willenskraft (vgl. Willmann, 2012).

Jeder Spieler bringt eine Willenskraft mit. Die entscheidende Frage ist, in welchem Ausmaß er sie in Häufigkeit abrufen kann.

Mit nur schwach ausgeprägter Willenskraft ist es kaum möglich, sich im hohen Leistungsfußball zu behaupten. Willenskraft macht sich im Fußball auf direkte und indirekte Art bemerkbar.

*Direkt zu erkennen ist sie im Wettkampf. In gewissen Phasen des Spiels kommen alle Spieler an einen Punkt, an dem sie einen inneren Kampf führen und sich unser biologisches Programm zeigt. Nach zwei intensiven Sprints signalisiert der Kopf, der Körper müsse sich kurz erholen. Auf der anderen Seite nimmt der Spieler einen sich entwickelnden Konter wahr, der potenziell gefährlich werden könnte. Während willensstarke Spieler trotz Ermüdung zurücklaufen und nicht auf einen gegnerischen Fehler spekulieren, hoffen Spieler mit weniger Willenskraft genau hierauf und werden sich erholen, indem sie nicht zurücklaufen.*

*Indirekt zeigt sich Willenskraft auch außerhalb des Platzes – und nimmt dennoch Einfluss auf das Leistungsvermögen der Spieler. Während es völlig menschlich ist, in der Freizeit das Bedürfnis zu haben, die Füße auf das Sofa zu legen und etwas Genussvolles zu essen, werden sich willensstarke Spieler öfter überwinden dem Reiz nicht nachzugehen, indem sie durch Extraschichten in die eigene Athletik investieren und sich professionell ernähren.*

Spitzenleistungen sind nur im Grenzbereich möglich. In seiner Biografie schreibt Schmidt (2023), dass der FC Heidenheim sich unter anderem über eine hohe und intensive Laufleistung definiert. In seiner Aufstiegssaison hatte das Team hier die besten Werte der Liga.

Selbstverständlich wird sich seine Mannschaft hierfür außerhalb ihres Komfortbereichs bewegen müssen. Auch ihnen fällt es nicht zu, sich derart zu verausgaben und ihre Grenzen immer wieder zu verschieben. Die Willenskraft ist hierfür eine entscheidende psychische Fertigkeit.

Schafft es eine Mannschaft über 90 Minuten, immer wieder im höchsten Tempo nach Ballverlust hinter den Ball zu kommen, nach Ballgewinn im höchsten Tempo die Tiefe zu belaufen – ohne die Garantie dafür zu haben, ein Tor zu verhindern oder zu erzielen, würde ich sie als eine willensstarke Mannschaft bezeichnen, gegen die es in der Regel keinen Spaß macht zu spielen.

Diesen inneren Kampf gegen sich selbst und sein evolutionsbiologisches Programm zu führen und zu gewinnen, ist eine erstrebenswerte Persönlichkeitseigenschaft im Leistungsfußball. Ich möchte eine Verknüpfung zu der bisher dargestellten Selbstwirksamkeitserwartung herstellen.

Spieler, die eine hohe Selbstwirksamkeitserwartung hinsichtlich ihrer Willenskraft haben, werden eher imstande sein, sie abzurufen. Von daher gilt die Aussage, Willenskraft lässt sich trainieren!

Halten es Spieler für möglich, aufgrund ihrer physischen Voraussetzungen nach Ballverlust in einen 50-Meter-Sprint zu investieren, wird es ihnen leichter fallen, den Sprint zu realisieren, als wenn sie Zweifel hätten, es schaffen zu können.

Das Beispiel soll eine Brücke zur gezielten Trainingskonzeption, der Idee des Buches, schlagen. Oftmals werden Trainingsformen damit begründet, einen Bezug zum Spiel haben zu müssen. Auch das Argument, um kleine Räume zu legitimieren, „wenn wir in engen Räumen trainieren, wird den Spielern das normale Spiel leichtfallen", dürfte die Mehrheit der Trainer bereits gehört haben. Alles so weit richtig. Stellen wir uns vor, wir würden über drei Monate immer in kleinen Räumen trainieren. Würden Spieler im Wettkampf nach Ballverlust die Selbstwirksamkeitserwartung haben, 50 Meter sprinten zu können? Wir erinnern uns: Diese Selbstwirksamkeitserwartung hat Einfluss auf die Willenskraft.

Natürlich sind kleine Spielformen wie das „3 gegen 3" bei einer Länge von 40 Metern und 30 Metern Breite nicht immer wettspielnah und der Zeit- und Raumdruck der Übung ist geringer als im Leistungsfußball. Aber möchten wir genau diese psychischen Fertigkeiten schulen, sollten wir aufhören, dogmatisch an wettspielnahen Übungen und kleinen Räumen festzuhalten. Vielmehr sollten wir uns immer wieder die Frage stellen, was wir trainieren möchten und wie uns eine effiziente Umsetzung gelingt.

Analog hierzu passt die mittlerweile populäre Aussage zur Belastungssteuerung von Trainer Herman Gerland: „Bevor ihr steuert, müsst ihr auch belasten". Gerland hat mit Blick auf die Entwicklung von psychischen Fertigkeiten mit seiner Aussage recht. Würden nur intensive Einheiten trainiert werden, in denen es darum geht, die eigene Grenze zu verschieben, würden sich die Mannschaftsärzte und Physiotherapeuten sicherlich eines Tages zurecht über das Trainerteam beschweren. Die Dosis macht das Gift.

### 3.5.4 RESILIENZ

Im Fußball ist die Erwartungshaltung in den letzten Jahren kontinuierlich gestiegen. Angesichts einer deutlich erhöhten medialen Aufmerksamkeit und verbesserter Gehaltsstrukturen dürfte sich hierüber niemand wundern. Unabhängig von der Altersklasse und der Ligazugehörigkeit. Ich erlebe es immer häufiger, dass Spieler im Leistungsfußball zu einem großen Anteil über ihren Erfolg als Sportler definiert werden. Nach dem erneuten Ausscheiden der deutschen Nationalmannschaft bei der WM 2022 in Qatar ließ sich in der öffentlichen Diskussion wahrnehmen, wie sehr die Spieler an ihren schlechten Ergebnissen gemessen wurden. Die Problematik findet sich jedoch auch jenseits des Spitzenfußballs wieder: Wird ein Jugendspieler in einem Nachwuchsleistungszentrum aussortiert oder schafft den Sprung in die höhere Altersstufe, wird das schnell zum Thema auf dem Pausenhof an seiner Schule. Dass Spieler oftmals nicht als Menschen, sondern als Fußballer wahrgenommen werden, impliziert eine Abhängigkeit von Resultaten, womit wiederum eine erhöhte Erwartungshaltung einhergeht.

Als Antwort auf den steigenden Erfolgsdruck im Leistungsfußball fällt immer wieder das Schlagwort „Widerstandsfähigkeit", die sich neben der körperlichen Erholung und einer aktiven Problemlösungsstrategie auch anhand einer mentalen Stresskompetenz in Form von konstruktivem Denken äußert (vgl. Pscherer, 2016, S. 393).

In der Literatur wird diese Widerstandsfähigkeit als „Resilienz" verstanden.

Resilienz bezeichnet die Kompetenz einer flexiblen Anpassung an diese Stressoren und ist insbesondere im beruflichen Kontext einerseits ein persönlicher Schutzfaktor und andererseits ein Erfolgsfaktor. Die Stressoren basieren auf kognitiven Bewertungen. Sind die Stressoren stärker als die eigene Widerstandsfähigkeit, bekommt der menschliche Organismus Probleme und bringt dies durch erschöpfungsbedingte Ausfälle zum Ausdruck (vgl. Pscherer, 2016, S. 392 f.).

Diesen Zusammenhang offenbart auch Mourlane (2018). Ihm zufolge schwinden die emotionale Erschöpfung und weitere psychosomatische Beschwerden mit steigender Resilienz.

Wir sehen, Resilienz ist im Leistungsfußball von großer Bedeutung, da Spieler in ihrer Karriere mit verschiedenen Herausforderungen konfrontiert werden - sei es in Form von Verletzungen, Misserfolgen oder persönlichen Krisen. Eine hohe Resilienz kann dazu beitragen, dass Sportler diese Herausforderungen überwinden, sich schneller erholen und letztendlich ihre Leistung aufrechterhalten oder sogar verbessern können. Sie kann also helfen, mit den gestiegenen Anforderungen besser zurechtzukommen.

Resiliente Menschen kennzeichnen bestimmte Eigenschaften. Den US-amerikanischen Resilienzforschern Reivich & Shatté (2003) zufolge befähigen sieben Faktoren dazu, besser mit Belastungen umgehen zu können. Es handelt sich dabei um die sieben wichtigsten Eigenschaften, die Menschen haben können, um anspruchsvolle Situationen schultern zu können. Sie lassen sich als interne und externe Kraftquellen verstehen. Je mehr hiervon vorhanden sind und je ausgeprägter sie sind, desto besser kommen Spieler mit den Turbulenzen des Leistungsfußballs zurecht.

1. Optimismus
2. Akzeptanz
3. Lösungsorientierung
4. Verlassen der Opferrolle
5. Übernahme von Verantwortung
6. Netzwerkorientierung
7. Zukunftsplanung

Wer jetzt eine Beziehung zwischen Copingstrategien und der Resilienz erkennen mag, darf sich bestätigt fühlen. Die Ergebnisse einer Studie von Secades et al. (2016) deuten darauf hin, dass resiliente Eigenschaften bei Sportlern mit der Verwendung von potenziell anpassungsfähigeren Bewältigungsstrategien einhergehen könnten.

Es scheint also leistungsfördernde Muster im Denken, Fühlen und Verhalten zu geben, auf die Sportler in der Konfrontation mit Widerständen zugreifen und die zu Resilienz führen. Sich Zeit für die Spieler zu nehmen, um in Gesprächen ihre Reaktionen auf Widerstände zu reflektieren, kann zu einer erhöhten Bewusstheit führen. Sie führt zu einer Reife und einem Verständnis von innen heraus, in Zukunft geschickt(er) auf Schwierigkeiten zu reagieren.

Oftmals lernen Spieler in ihrer Laufbahn intuitiv einen gesunden Umgang mit Niederlagen, Rückständen, Verletzungen oder auch mit hohen körperlichen Belastungen. Spieler, die bei den oben genannten Eigenschaften Defizite haben, werden womöglich dauerhaft Einbußen in ihrer Leistungsfähigkeit verzeichnen müssen.

Um Resilienz entwickeln zu können, müssen Spieler aus der Komfortzone geholt werden. Thomas Tuchel sprach in einem Interview explizit die Empfehlung an Jugendtrainer aus, Spieler bewusst mit Schwierigkeiten zu konfrontieren, und betrachtet die Widerstandsfähigkeit als ein wesentliches Talentkriterium. Im Leistungsfußball lauern hinter jeder Ecke reihenweise Schwierigkeiten, die Spieler bewältigen müssen. Am Ende dreht sich im Fußball alles darum, Leistung abzurufen, sobald das Spiel angepfiffen wird und es um drei Punkte geht. Dann gilt es auch, mental stark zu sein und mit den negativen Eigenarten des Spielverlaufs zurechtzukommen. Und genau diese resilienten Eigenschaften, die in anderen Kontexten (der Rasen wurde nicht gemäht, es steht nur eine Platzhälfte zur Verfügung ...) geschult werden sollen, können dann im Spiel zum Tragen kommen. Sich frei von den Rückschlägen zu machen, im Moment zu bleiben, sich darauf zu fokussieren, was man beeinflussen kann, Verantwortung für sein Spiel zu übernehmen - all das kennzeichnet resilientes Verhalten aus.

Dabei ist es jedoch wichtig, dass die bewusst provozierten Stressoren nicht dauerhaft stärker als die eigene Widerstandsfähigkeit sind. Das könnte zum Problem werden und zur Erschöpfung führen. Trainer sollten den Prozess der Resilienzentwicklung insbesondere im Jugendfußball aktiv und konstruktiv begleiten, indem sie im Zuge der Konfrontation mit Widrigkeiten im Fußball (Rückstand, Niederlagen, Verletzungen, rote Karte ...) sowohl in den Dialog treten als auch resilientes Verhalten vorleben.

Punktuell soll in einem abschließenden fiktiven Beispiel aus dem Fußball aufgezeigt werden, wie Trainer in Gesprächen mit der Mannschaft die Resilienz der Spieler mittels der sieben Säulen der Resilienz nach Reivich und Shatté (2003) stärken können.

*Am 20. Spieltag ist nun spätestens der letzte Optimist auf dem Boden der Tatsachen ankommen und muss sich eingestehen, dass seine Mannschaft in diesem Jahr einzig und allein um den Klassenerhalt kämpfen wird. In 14 verbleibenden Spielen gilt es, sechs Punkte auf das rettende Ufer gut zu machen. Einige Spieler aus der Mannschaft haben Probleme, mit der Situation umzugehen und ihre Leistung abzurufen. Der Trainer entscheidet sich zu einer außerplanmäßigen Mannschaftssitzung, um die aktuelle Krise aufzuarbeiten. Er verspricht sich davon, die leistungshemmenden Kognitionen und Emotionen seiner Spieler in die andere Richtung zu lenken. In der Sitzung erwähnt er, dass es keinen Sinn ergebe, den verloren gegangenen Spielen hinterherzutrauern, da man das Ergebnis ohnehin nicht mehr ändern könne (Akzeptanz). Das ständige Nörgeln seiner Spieler, man hätte in den entscheidenden Spielszenen auch kein Glück gehabt und der Kader sei in dieser Saison ohnehin von Verletzungen geplagt, gehe ihm auf die Nerven. Dies macht er seiner Mannschaft deutlich und fordert sie auf, das Jammern einzustellen (Verlassen der Opferrolle). Er zeigt ihr einen klaren Plan auf, was sie machen müsse, um die Klasse final zu halten (Lösungsorientierung). Abschließend gibt der Trainer seiner Mannschaft den Rat, den Kopf in der schwierigen Phase nicht ständig beim Fußball zu haben. Insbesondere in der Freizeit sollen die Spieler einen Ausgleich schaffen, indem sie den Kontakt zu Menschen suchen, die ihnen guttun (Netzwerkorientierung).*

### 3.5.5 FOKUS

Das Kapitel schließe ich mit der psychischen Fertigkeit ab, sich fokussieren zu können.

Auch für Klitschko & Kiel (2020) ist der Fokus eine wesentliche Schlüsselqualifikation für Sportler. Dem ehemaligen Boxweltmeister zufolge sei sie eine unabdingbare Voraussetzung für die Leistungsfähigkeit. Wer seine Gedanken kontrolliere, könne seine Energie, Emotionen und Reaktionen steuern. Seine Aufmerksamkeit gezielt ausrichten zu können, bestimme den Erfolg.

Beim Fokus geht es also darum, seine Aufmerksamkeit auf eine Tätigkeit zu richten, um ein bestimmtes Ziel zu erreichen. Wir haben im Unterkapitel 3.4.7 gesehen, wie wichtig es ist, intuitiv – sprich ohne bewusstes Nachdenken, Fußball zu spielen. Fußballer müssen sich also frei von störenden Einflüssen machen und sich auf das Spiel fokussieren können. Doch wie oft werden sie mit Störfaktoren während eines Spiels konfrontiert? Gegnerische Fans sorgen für eine hitzige Atmosphäre, die auf das Spiel überschwappt, der Schiedsrichter trifft Entscheidungen, mit denen man nicht einverstanden ist oder eine außergewöhnliche Hitze wird als unangenehm wahrgenommen und der Fokus verschiebt sich. Ist es unter diesen Umständen noch möglich, intuitiv zu spielen und womöglich sogar einen Flow-Zustand zu erreichen? Unwahrscheinlich.

Es geht also darum, seine Gedanken über den eigenen Fokus zu steuern. Dabei ist achtsames Denken hilfreich. Das Konzept der Achtsamkeit stammt aus einer fernöstlichen Tradition. Mittlerweile findet es immer mehr Akzeptanz und Anwendung auch im Kontext des Leistungssports. Kittler & Jekauc (2015) liefern Hinweise, dass Achtsamkeitstraining zu einer Verbesserung der Konzentrationsfähigkeit, der Emotionsregulation und des Flow-Erlebens führt. Achtsamkeit unterstützt also den Erwerb von psychischen Fertigkeiten.

In seinem Werk „Schnelles Denken, langsames Denken" beschreibt Kahnemann (2011) zwei verschiedene Denkmodi. System 1 arbeitet automatisch und schnell, weitgehend mühelos und ohne willentliche Steuerung. System 2 wird durch bewusstes, langsames und anstrengendes Denken charakterisiert. Kahnemann (2011) sieht eine der Aufgaben von System 2 darin, die Impulse von System 1 zu überwinden. Sprich, System 2 ist für die Selbstbeherrschung zuständig.

An dieser Stelle setzt Achtsamkeit an. Anstatt dem Autopiloten von System 1 zu folgen, der aus seinen festgefahrenen Mustern heraus reagiert, schafft Achtsamkeit die notwendige Pause und Abstand zur Reaktion auf einen Reiz. Hierdurch gewinnt man an Freiheit und kann schauen, welche Gedanken und Verhaltensweisen in den entsprechenden Situationen angemessen und hilfreich sind. Ein konstruktiver Umgang mit den Ereignissen wird möglich, indem man sich auf leistungsdienliche Gedanken, Emotionen und Verhaltensweisen fokussieren kann. In der Philosophie der Shaolin gibt es einen zentralen Lehrsatz: Energie folgt Aufmerksamkeit (vgl. Gassert, 2013). Wohin soll meine Energie also fließen?

Wir haben in diesem Kapitel zu den psychischen Fertigkeiten gesehen, dass eine Fülle von potenziellen Gedanken, Emotionen und Verhaltensweisen, die im Fußball aufkommen, entweder einen positiven oder einen negativen Einfluss auf das Leistungsvermögen haben. Fokussieren im Sinne von „Leistung bringen" bedeutet, seine Aufmerksamkeit auf leistungsdienliche Kognitionen richten zu können. Dabei hilft das Konzept der Achtsamkeit, indem der Autopilot des schnellen Denkens eine Pause bekommt. Aus der Neurobiologie weiß man, dass regelmäßiges Üben der Achtsamkeit mit einer Veränderung der Gehirnstruktur einhergeht (vgl. Kittler & Jekauc, 2015).

Um auf diese neu erlernten Muster im Zuge von Druck und Stress im Leistungsfußball zugreifen zu können, bedarf es jedoch eines langfristigen Trainings.

*Ein Spieler ist dafür bekannt, während des Spiels auf Provokationen des Gegners allergisch zu reagieren. Jedes Mal, wenn ihm ein Gegenspieler still und heimlich ein paar nette Worte in sein Ohr flüstert oder bei einem Eckball aus Versehen auf den Fuß steigt, verliert er seinen Fokus und tendiert sogar dazu, sich zu einer Tätlichkeit hinreißen zu lassen. Es kommen Gedanken wie „Dem werde ich es heimzahlen" oder „Was erlaubt sich der Spinner?", die zu Wut und destruktiver Aggression führen. Seine Kognitionen und Emotionen haben negativen Einfluss auf sein Leistungsvermögen. Mithilfe seines Fokus kann er sich selbst aus diesem Tal herausziehen, indem er ihn neu und bewusst setzt. Achtsames Denken hilft ihm dabei, aus seinen automatisierten Mustern auszubrechen und sich nicht auf die gezielten Provokationen des Gegners einzulassen. Er fokussiert sich wieder auf das Spiel. „Was ist meine Aufgabe?" „Was muss ich machen, um meine Stärken einzubringen?"*

## 3.6 VERTIEFUNG DES KAPITELS

Ein Ziel des Buches ist es, Ordnung in die Komplexität des Fußballs zu bringen. Im ersten Schritt wurde aufgezeigt, dass die Leistungsstruktur des Fußballs unter anderem eine individuelle Betrachtungsweise erfordert. Jede Spielsituation ist abhängig von der Spielkompetenz des Spielers. Und je höher diese ist, desto wahrscheinlicher wird es, Spiele zu gewinnen. In der Konsequenz sollte das Training genutzt werden, die Spielkompetenz der Spieler zu erhöhen. Sie setzt sich wiederum aus dem Zusammenspiel diverser Fertigkeiten zusammen, die in dem Kapitel erläutert wurden.

Anhand eines fiktiven Beispiels zur Trainingskonzeption soll der Zusammenhang zwischen der Ausprägung der individuellen Fertigkeiten und dem zugrunde liegenden Training geprüft werden. Die abschließende offene Beantwortung der gestellten Fragen dient der Vertiefung eures erworbenen theoretischen Wissens. Dabei sollen euch die Fragen anregen, darüber nachzudenken, inwiefern das skizzierte Training auf die Entwicklung der Spielkompetenz abzielt.

*Das Training einer U15-Regionalligamannschaft findet an drei Tagen in der Woche statt. Ergänzt wird es von einem Punktspiel am Wochenende. Die Trainer geben der Woche eine feste Struktur:*

1. *An jedem Trainingstag gibt es zur Erwärmung einen hohen Anteil an isolierten Technikübungen. In den ersten 30 Minuten des Trainings dreht sich meistens vieles um das Passspiel und Dribbling ohne Gegnerdruck.*
2. *Hierauf folgen im Hauptteil an allen drei Trainingstagen ca. 30 Minuten unterschiedliche Zweikampfübungen vom 1 gegen 1 bis zum 4 gegen 4 auf zwei große Tore.*
3. *Zum Abschluss des Trainings findet einmal die Woche ein isoliertes Torschusstraining für alle Spieler statt. Dabei werden beide Torhüter eingespannt und die Spieler schießen aus unterschiedlichsten Positionen in wechselnden Übungen aufs Tor. An dem anderen Trainingstag lassen die Trainer rund 30 Minuten 11 gegen 11 spielen. Das letzte Training vor dem Spieltag wird genutzt, um für den Klassenerhalt notwendige Standardsituationen zu üben.*

Die folgenden anregenden Fragen sollen helfen, sich, basierend auf dem dritten Kapitel, eine Meinung zum Training vor dem Hintergrund der Spielkompetenz dieser fiktiven U15-Mannschaft zu bilden.

» *Werden die Außen- und Mittelstürmer so geschult, dass sie die technisch-taktischen Fertigkeiten der unverhandelbaren Kompetenz ihrer Position beherrschen können?*
» *Sind die Spieler in der Lage, intensiv Fußball zu spielen?*
» *Stellt das Training eine hohe Anforderung an die Wahrnehmungsleistung der Spieler?*
» *Wird die geteilte Aufmerksamkeit durch das Training verbessert?*
» *Entwickelt das Training intelligente und kreative Spieler?*
» *Wird durch das Training die Resilienz der Spieler trainiert?*

# 4 INDIVIDUALISIERUNG

Im vorherigen Kapitel wurde die Leistungsstruktur im Fußball auf individueller Ebene detailliert erläutert. Es wurde gezeigt, dass es verschiedene voneinander abhängige Fertigkeiten gibt, die kumulativ zur Spielkompetenz führen – und die Spielkompetenz ist ein zentraler Strang der Leistungsstruktur, die durch das Training (siehe 2) verbessert werden soll.

In dem Kapitel zur Individualisierung geht es nun darum herauszuarbeiten, welchen Einfluss das Wissen aus dem dritten Kapitel auf eine clevere Trainingskonzeption hat. Zunächst wird erläutert, was unter „Individualisierung" überhaupt verstanden wird. Daraufhin sollen Gründe dargestellt werden, die die Forderung eines individualisierten Trainingsansatzes legitimieren.

## 4.1 WAS BEDEUTET INDIVIDUALISIERUNG IM FUßBALL?

Für mich ist die „Individualisierung" eine Frage des Blickwinkels auf das Training. Es geht dabei um den zentrierten Blick auf die Entwicklung der einzelnen Spieler. Im Mittelpunkt des Trainings steht somit die optimale Förderung der Spielkompetenz (siehe 3.1). Mannschaftliche Themen spielen aus der Perspektive der Individualisierung heraus eine untergeordnete Rolle. Das Training soll also so angelegt werden, dass sich Spieler in ihren positionsspezifischen technischen, athletischen, kognitiven und psychischen Fertigkeiten verbessern. Dabei können die Trainer den Entwicklungsprozess anstoßen, indem sie die Inhalte (siehe 6.2) und die dazugehörigen Trainingsformen (siehe 7.2) festlegen. Zudem spielt die Art des Coachings (siehe 7.3) eine zentrale Rolle.

Da im Fußball mit Menschen gearbeitet wird, darf in andere Bereiche des Lebens geblickt werden, in denen die Individualisierung bereits weiter vorangeschritten ist. Im schulischen Kontext etwa versuchen Lehrkräfte vermehrt, ihr Lernangebot an die Besonderheiten der Schüler und Schülerinnen anzupassen. Es werden nicht (mehr) alle gleich unterrichtet.

Sowohl methodische als auch didaktische Überlegungen kommen hier zur Geltung. Es wird geschaut, welcher Schüler welchen Lernweg bevorzugt und welche Inhalte für ihn bedeutsamer sind. Arbeitsmaterialien liegen beispielsweise differenziert vor und die Schüler können entsprechend ihren Vorlieben bestimmte Kurse wählen bzw. abwählen. Zudem wird entsprechend den Persönlichkeiten anders kommuniziert und geführt.

Aus den eigenen Trainererfahrungen der letzten Jahre kann ich mit gutem Gewissen die Behauptung aufstellen, dass der Großteil der Trainer im Leistungsfußball über eine überdurchschnittliche Sozialkompetenz verfügt und auf die Spieler zugeschnitten kommunizieren kann. Dass die Didaktik (siehe 6) und Methodik (siehe 7) im fußballerischen Kontext individualisiert auf das Training abgestimmt wird, kann ich momentan nur bedingt bestätigen. Das bewusste Zuschneiden des Trainings auf den Spieler macht für mich einen Kernteil der Individualisierung aus. Also gezielt den einzelnen Spieler zu betrachten und sich zu hinterfragen, ob die konzipierte Trainingsform seiner individuellen Entwicklung dient.

Individualisierung sollte nicht mit dem Individualtraining verwechselt werden. Hier werden hauptsächlich athletische Fertigkeiten sowie Techniken der jeweiligen Position isoliert trainiert. Das Individualtraining ist einer von mehreren Bausteinen der Individualisierung. Der Nachteil des Individualtrainings ist die fehlende Ganzheitlichkeit des Fußballs, die in der Trainingsmethodik des Fußballs (siehe 7.1) anzustreben ist.

Die Individualisierung kann und sollte auch vorrangig im Training mit der Mannschaft stattfinden. Hier werden nämlich technische, athletische, kognitive und psychische Fertigkeiten simultan geschult.

Entsprechend der individualisierten Sichtweise auf das Training, konzentriert man sich im Coaching auf die Verbesserung des einzelnen Spielers.

Einerseits kann dabei parallel zum Training mit der Mannschaft ein Coaching auf individueller Ebene stattfinden, indem der Trainer dem einzelnen Spieler Hilfestellungen gibt, um die Spielsituation besser zu lösen (explizites Lernen).

Andererseits können Trainingsformen bewusst so konzipiert werden, dass eine Förderung einzelner Fertigkeiten aus dem dritten Kapitel in den Mittelpunkt gerückt werden. In der Folge würden die Spieler nicht identisch trainiert werden (implizites Lernen).

Sollen Spieler in ihren kognitiven Fertigkeiten und in ihrem Passspiel verbessert werden, eignen sich hierfür die meisten Rondovarianten hervorragend. Der Klassiker auf den Trainingsplätzen ist es, dass 24 Spieler auf zwei Rondos aufgeteilt werden und alle Spieler identisch trainiert werden. Individualisierung würde bedeuten, dass punktuell beispielsweise die Stürmer parallel ein auf sie besser zugeschnittenes Training erhalten.

## 4.2 WARUM WIRD EINE INDIVIDUALISIERUNG GEFORDERT?

Das von Jugendtrainern monierte Problem des „Einheitsbreis" unter den Spielern sowie die zeitgleich fehlenden Spezialisten stellen den Fußball vor einige Herausforderungen. Da es sich hierbei um keine Momentaufnahme handelt, gilt es die dahintersteckenden Ursachen zu ergründen. Denken wir an die universellen Gesetze des Lernens zurück. Auf einen präsentierten Reiz erfolgt eine Anpassung des Organismus (vgl. Roth & Ryba, 2022). Und das Leistungsvermögen von Spielern ist immer ein Abbild des über einen längeren Zeitraum stattgefundenen Trainings.

Anscheinend fehlten der individuelle Blick und die damit einhergehende Differenzierung des Trainings. Das zurückliegende Training war zu sehr auf mannschaftliche Themen ausgerichtet und Spieler wurden identisch trainiert. Das erlaubt die kritische Frage, ob dadurch das volle Potenzial der Spieler ausgeschöpft werden kann. Grundsätzlich lässt sich auch im Rahmen des Mannschaftstrainings die individuelle Spielkompetenz trainieren. Die Entwicklungskurve ist jedoch in kleinen Spielformen, wie dem „4 gegen 4 auf zwei große Tore" und in individualisierten Trainingsformen deutlich steiler.

Immer dann, wenn im Training die Reize zur Entwicklung von einzelnen Fertigkeiten unterrepräsentiert sind, wird sich das früher oder später nachteilig auf das Spiel auswirken. Doch wie oft steht die Entwicklung der Spielkompetenz im Mittelpunkt des Trainings? Und wie häufig erlebt man Trainingsformen – insbesondere im Jugendfußball –, die darauf abzielen, die mannschaftliche Spielweise zu verbessern?

Im dritten Kapitel konnten wir sehen, dass jede Position mit unterschiedlichen Fertigkeitsprofilen einhergeht. Ein zentraler Mittelfeldspieler braucht eine höhere Spielintelligenz als ein Außenstürmer, der dafür über ein größeres Repertoire an Finten verfügen sollte. Doch wie sollen deren individuelle Anlagen zur maximalen Entfaltung kommen, wenn alle Spieler die gleichen Trainingsreize erhalten?

Hierzu passt das Zitat von Hannes Wolf (2022, S. 20) auf dem ITK 2022 in Dortmund: „Wer in der U14 oder U15 keine stürmerspezifischen Trainingsanforderungen erfüllen darf, kann kein Top-Stürmer mehr werden."

In den letzten Jahren wurde der Fokus zu stark auf mannschaftliche Themen gelegt. Zudem wurde zu eindimensional trainiert, worunter die Spielkompetenz des einzelnen Spielers gelitten hat. Dass die Spielkompetenz jedoch die Grundlage mannschaftstaktischer Themen ist, soll anhand des folgenden Trainingsbeispiels illustriert werden:

*Im Spielaufbau versucht die eigene Mannschaft die gegnerische Linie kontrolliert zu überspielen. Hierfür findet ein wettspielnahes mannschaftstaktisches Training im 11 gegen 11 statt. Die rote Mannschaft agiert im 3-1-4-2 und versucht Lösungen gegen das 4-4-2-Pressing des Gegners zu entwickeln. Der zentrale Innenverteidiger soll durch ein Andribbeln die beiden Stürmer binden, um dann den linken Innenverteidiger freizuspielen. Dem Innenverteidiger werden drei verschiedene Optionen aufgezeigt:*

- » *flacher Pass auf den linken Außenverteidiger, wenn der Gegner den Passweg ins Zentrum versperrt;*
- » *flacher Pass auf den linken Achter, der sich im Zwischenlinienraum anbietet;*
- » *diagonaler Flugball auf den rechten Außenverteidiger, wenn der Gegner stark ballorientiert verschoben ist.*

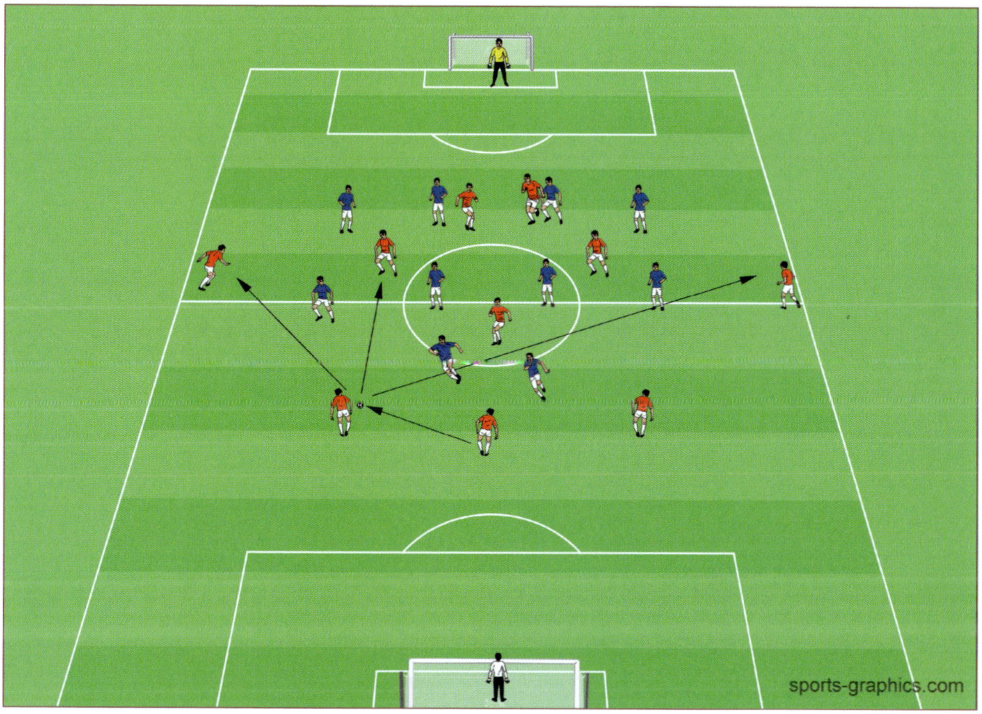


*Abbildung 3: Individualisierung anhand einer Spielaufbauszene (eigene Darstellung)*

**Betrachten wir den Fußball aus einer Metaperspektive:** Damit der Innenverteidiger sowie die beiden Außenverteidiger und der linke Achter die Spielsituationen erfolgsstabil lösen können, brauchen sie eine individuelle Spielkompetenz. Der Innenverteidiger benötigt beispielsweise eine geteilte Aufmerksamkeit (siehe 3.4.2), einen scharfen flachen Pass oder einen sauberen Diagonalball (siehe 3.2.1.1). Der linke Achter sollte hingegen über eine saubere Positionierung und ein sicheres Aufdrehverhalten verfügen (siehe 3.2.2.2). Die Außenverteidiger müssen einen sicheren ersten Kontakt nach flachen und hohen Zuspielen (siehe 3.2.1.2) haben.

Erst mit dem Vorhandensein von individueller Spielkompetenz haben mannschaftstaktische Themen ein stabiles Fundament. Sind Spieler nicht in der Lage, die Anforderungen auf ihren Positionen zu erfüllen, werde ich als Trainer wenig Nutzen von einem gut aufeinander abgestimmten Verhalten meiner Mannschaft haben.

Der Hebel zur Verbesserung der Spielqualität wird aber oftmals direkt am mannschaftlichen Training angesetzt. Gerade im Jugendtraining sollte es vorranging um die Entwicklung der individuellen Spielkompetenz gehen, die im höheren Jugend- und Erwachsenenbereich schließlich mit mannschaftstaktischen Elementen ergänzt wird.

Pep Guardiola verfügt bei Manchester City über Spieler mit höchster individueller Qualität. Sie bringen das Fundament für komplexe Abläufe im Ballbesitz mit. Dass er ihre individuelle Qualität im zweiten Schritt mit einer ausgetüftelten Mannschaftstaktik kombiniert, macht die Mannschaft so stark. In Deutschland versuchen viele Trainer den zweiten vor dem ersten Schritt zu gehen. Ein falscher Weg – auf Kosten der Spieler.

# 5 MANNSCHAFTLICHE BETRACHTUNGSWEISE

Die Entwicklung der individuellen Spielkompetenz durch das Training ist also ein zentraler Baustein zur Erbringung von nachhaltiger Leistung im Fußball. Aber lassen sich nur durch individuelle Qualität im modernen Fußball auch große Erfolge erzielen? Selbst im WM-Finale 1954 schien die ungarische Nationalmannschaft der haushohe Favorit zu sein – der Ausgang des Spiels jedoch dürfte jedem Fußballbegeisterten bekannt sein. Niemand anderem wird das Zitat „Elf Freunde müsst ihr sein" zugeschrieben als dem ersten deutschen Weltmeistertrainer Sepp Herberger. Es zeigt, dass es im Fußball möglich ist, über eine geschlossene Mannschaftsleistung scheinbar individuell besser besetzte Mannschaften zu schlagen. Vermutlich ist das Wunder von Bern insbesondere mit emotionalen und mentalen Gründen zu erklären. Ausgefeilte Spielideen mit verschiedenen taktischen Elementen haben sich erst im Laufe der letzten Jahre im Leistungsfußball etabliert.

Der Fokus in diesem Kapitel soll aber nicht auf der Entwicklung des Teamgeistes, im Sinne Herbergers Ideal von elf Freunden, liegen. Von Interesse ist der nächste Baustein zur Erbringung von Leistung im Fußball: **die gemeinsame Spielidee**, die ebenfalls durch ein gezieltes Training verbessert werden kann.

Als Trainer verfolgt man das Ziel, eine zur Mannschaft passende Spielidee zu entwickeln. Dies hat den Vorteil, Verhaltensweisen aufeinander abzustimmen. Je öfter auf dem Platz eine gemeinsame Sprache gesprochen wird, desto höher sind die Aussichten, die Spielsituation erfolgreich zu lösen. Bei all der Individualität auf dem Platz ist und bleibt der Fußball ein Mannschaftssport. Das Spannende an der Thematik sind die unterschiedlichsten Ansätze, mit denen Mannschaften versuchen, ihre Ziele zu erreichen.

Dabei hat uns die Geschichte des Fußballs gelehrt, dass mit völlig widersprüchlichen Auffassungen die größten Titel erreicht werden können. Es gibt Trainer, die dogmatisch an ihrer Idee festhalten und ihrer Mannschaft ein Korsett mit ihren Überzeugungen überstülpen. Auf der anderen Seite lassen sich auch Trainer finden, die einem Chamäleon gleichen und eine Spielidee in starker Anlehnung an die Eigenarten des Kaders entwickeln. Welche Herangehensweise gewählt wird, ist von diversen Faktoren wie der Altersklasse, dem Leistungsbereich, der finanziellen Stärke des Vereins oder dem Zeitpunkt der Übernahme abhängig.

Würde man das Fass richtig aufmachen, ließen sich hierzu sicherlich mehrere Kapitel schreiben. Die Trainingskonzeption sollte sich jedoch immer an der Spielphilosophie orientieren, weshalb es wichtig ist, Klarheit hierüber zu haben. Um sich nicht im Detail zu verlieren - sondern den Zusammenhang von Spielidee und Trainingskonzeption aufzuzeigen, sollen wesentliche Eckpunkte der offensiven und defensiven Spielidee dargestellt werden, die später essenzielle Grundlage der Trainingskonzeption sind (siehe 8). Die Umschaltphasen werden in dem Kapitel nicht thematisiert.

## 5.1 CHARAKTERISTIKA DER MANNSCHAFT

Die Zielgruppe des Buches zielt auf Trainer aus dem Leistungsfußball ab. Um die didaktischen und methodischen Überlegungen in die beispielhafte Trainingskonzeption miteinfließen zu lassen, soll im Folgenden eine fiktive Mannschaft in den Grundzügen vorgestellt werden. Die Überlegungen orientieren sich an einer Herrenregionalligamannschaft, die meiner Auffassung nach im mittleren Leistungsbereich anzusiedeln ist.

Im Sommer übernimmt der Trainer die Mannschaft, die zuvor zwei Jahre lang von einem anderen trainiert wurde. Sie hat über weite Strecken in der Offensive versucht, durch einen flachen und variablen Spielaufbau Spielkontrolle zu erzielen und sich darüber Torchancen herauszuspielen. Nach einem Ballverlust war nicht immer ein abgestimmtes Verhalten zu erkennen. Die Spielidee gegen den Ball war simpel - jedoch für alle Spieler klar und leicht umzusetzen. Das Zentrum wurde geschlossen und Bälle wurden nach außen geleitet, wo sie erobert werden sollten. Dabei wurden Passwege in die Tiefe und durch das Zentrum durch einen Deckungsschatten geschlossen und belauert, ohne dass die eigene Mannschaft intensiv am Mann klebte. Hieraus wurden teilweise saubere Balleroberungen erzielt, die Grundlage eines effektiven Umschaltspiels waren.

Sich die Präkonzepte der Mannschaft zu verdeutlichen, ist als „neuer Trainer" enorm wichtig. Schließlich sind sie anfangs noch wie unsichtbare Fesseln, die dem Verhalten eine Richtung geben. Durch über zwei Jahre lang erfolgte Instruktionen des vorherigen Trainers werden die Reaktionen der Spieler auf eine spätere Spielsituation noch immer beeinflusst. Das Priming-Phänomen lässt sich anhand eines Reiz-Reaktions-Schemas erklären: Auf einen Reiz folgt eine unterschwellige Reaktion, die zuvor beeinflusst wurde (vgl. Kahnemann, 2011). Hat sich beispielsweise der vorherige Kollege nach einem Ballverlust zunächst auf die Torsicherung konzentriert - obwohl man selbst eher die sofortige Ballrückeroberung präferiert -, wird es ein wenig dauern, diese Verhaltensmuster aufzubrechen und zu verändern.

*Gut möglich, dass sich ein Spieler nach einem Ballverlust anfangs im Zweifel dafür entscheiden würde, sich zunächst zurückfallen zu lassen, anstatt nach vorne zu verteidigen.*

Die Mannschaft verfügt weitgehend über viele gute Fußballer, die ball- und entscheidungssicher sind. Mit Blick auf die Defensive sind die Innenverteidiger ebenfalls gute Fußballer und Zweikämpfer, die jedoch nicht zu den schnellsten Spielern auf ihren Positionen innerhalb der Liga zählen dürften. Dafür sind sie jedoch aufgrund ihrer Größe recht kopfballstark. Im Kader lassen sich offensive Außenverteidiger finden, die über ein gutes Flankenspiel verfügen und somit interessante Optionen für das Flügelspiel darstellen. Ihr hohes Laufvermögen ist eine Rarität, die man nutzen möchte. Im Mittelfeld wollen die meisten Spieler den Ball haben und angespielt werden. Dabei sticht einer heraus, der im zentralen Mittelfeld beheimatet ist und aufgrund seiner intelligenten Positionierung, seiner grundsätzlichen Spielintelligenz und seiner kommunikativen Fähigkeiten der Mannschaft einen Rhythmus und eine gute Struktur geben kann. Viele von den zentralen Mittelfeldspielern verfügen über ein gutes Entscheidungsverhalten zwischen den Linien, finden dort die richtigen Lösungen und können aufgrund ihrer Leichtfüßigkeit Dynamiken auslösen. Analog hierzu ist die Mehrheit der Spieler auf diesen Positionen auch im Defensivspiel zwar spielintelligent und teamfähig, jedoch nicht unbedingt zweikampfstark.

Es fehlt im Kader an klaren 1-gegen-1-Spielern an den Flügeln – obwohl es Stürmer gäbe, die aufgrund ihrer Physis nach Flanken Abschlussqualitäten mit sich bringen. Dafür eignen sie sich im Offensivspiel als Wandspieler, da sie mit dem Rücken zum Tor schwer vom Ball zu trennen sind. Mit Blick auf das Umschaltspiel lässt sich konstatieren, dass die meisten potenziellen Stammspieler keine Spitzenwerte in der Antritts- und Endgeschwindigkeit aufweisen. Die Mehrheit der Spieler ist äußerst team- und anpassungsfähig, sodass die genannten Defizite im Defensivspiel gut über die Gruppe aufgefangen werden können.

Gemessen an den vorherigen Platzierungen sowie der grundsätzlichen Kaderstärke handelt es sich um eine Mannschaft, die realistisch gesehen in einer 18er-Staffel um Platz 5-8 mitspielen sollte. Daraus kann abgeleitet werden, dass sich die Mannschaft in der Mehrheit der Spiele ihrer Spielidee treu bleiben kann und keine allzu große Gegneranpassung vornehmen muss.

Ganz einfach ausgedrückt möchte man im Fußball vorne Tore schießen – und hinten keine zulassen. Damit dies möglichst oft gelingt, muss man sich als Trainer eine Spielidee überlegen, die zu den Spielern passt. Die Verknüpfung aus offensiver und defensiver Spielidee und der Analyse der Charakteristika der Mannschaft wird im Folgenden vorgenommen.

## 5.2 OFFENSIVE SPIELIDEE

Die Analyse der Mannschaft hat ergeben, dass sie im Umschaltspiel nach Ballverlust momentan keine abgestimmte Spielidee verfolgt und nach Ballgewinn über keine hohe Endgeschwindigkeit im Kader verfügt. Folglich rückt der eigene Ballbesitz verstärkt als Möglichkeit der Torerzielung in den Vordergrund.

Im Offensivspiel geht es darum, gegnerische **Linien zu überspielen** und in Räume zu gelangen, aus denen die Mannschaft Torgefahr ausstrahlen kann. Grundlegend gefährliche Räume sind die strategischen **Halbräume** und das **Zentrum** – sowie Räume, in denen Dynamik ausgelöst werden kann oder sich Spieler mit einer hohen offensiven individuellen Qualität befinden.

Wohlwissend, dass die zentralen Räume häufig versperrt sind, sind dennoch Spieler im Kader, die sich in solchen Situationen wohlfühlen und diese auflösen können.

Es ist wichtig, dass die Spieler möglichst oft in eine **offene Stellung** kommen, damit sie handlungsfähig sind und den direkten Weg zum Tor suchen können. Gerade mit Blick auf die kombinationsstarken Spieler des eigenen Kaders ist es möglich, über einen **zielgerichteten Ballbesitz** Lücken und Räume im Defensivverbund des Gegners zu provozieren und zu bespielen.

Aus Sicht des Verteidigers ist es schwierig, die letzte Ebene zu verteidigen, wenn der Gegner mit Dynamik angreift. **Vertikale** und insbesondere **diagonale Pässe**, eine gute **Positionierung** und **Vororientierung** sind hierfür unerlässlich, um in diese Räume zu kommen. Alternativ kann ein Spieler in einer offenen Stellung zwischen den Linien über das **Spiel über den Dritten** freigespielt werden - etwas, das mit unseren Stürmern als Wandspieler hervorragend provoziert werden kann.

Unter hohem Druck dürfen auch lange Bälle gespielt werden. Allerdings soll es sich hierbei um gezielte Bälle handeln. Entweder als **diagonaler Seitenwechsel** auf den ballfernen Flügel oder als **Chipball** auf die physisch starken Stürmer - die den Ball nach Möglichkeit ablegen oder in die Tiefe verlängern sollen. Als Mannschaft gilt es, Spielfortsetzungsmöglichkeiten zu schaffen oder gemeinsam im **Spiel auf den zweiten Ball** zu agieren.

In Zeiten des ballorientierten Verteidigens ist der direkte Weg über die Mitte selten möglich, weshalb Umwege gefunden werden sollen. Die Mannschaft soll die Kompetenz erlernen, zwischen **verdichteten** und **dynamischen Situationen** zu **unterscheiden**. Sobald Räume geschlossen sind und eine Spielfortsetzung sich als schwierig erweist, gilt es mittels **Spielverlagerungen** freie Räume zu suchen. Werden sie gefunden, soll die Mannschaft dabei mutig und zielstrebig den Weg nach vorne suchen.

Da wir in der Mannschaft über keine außergewöhnlichen 1-gegen-1-Spieler verfügen, sollen bewusst Überzahlsituationen gesucht und ausgespielt werden. Die einfachste **Überzahlsituation ist das 2 gegen 1**, in der der Verteidiger bewusst in eine Zwickmühle gebracht werden soll. Die Kompetenz, die Situationen zu erkennen und erfolgsstabil auszuspielen, ist ein wesentliches Offensivkonzept.

Um sowohl das Zentrum und die Halbräume zu bespielen als auch dynamische Spielsituationen zu provozieren, ist die **Raumaufteilung** ein wichtiger Bestandteil der eigenen Spielidee. Damit Räume geöffnet werden, muss der Gegner vertikal und horizontal auseinandergezogen werden. Zudem gilt es, durch **tiefe Laufwege** in den Rücken der letzten Linie bei freien Füßen die Abwehr zu einer Reaktion zu zwingen und den Zwischenlinienraum zu vergrößern - den die kombinationsstarken Spieler final nutzen sollen. Damit die Spieler miteinander kombinieren können, müssen sie sich eng und abgestimmt zueinander bewegen. **Spielaktivität** und **Verantwortung** eines jeden Spielers sind elementar wichtig, um die gemeinsame Spielidee umsetzen zu können. Es soll sich in **Rauten** und **Dreiecken** bewegt werden, sodass diagonale Pässe und Wandspiele (Spiel über den Dritten) oftmals möglich sind und der Ballführende den Spieler mit Zeit und Raum finden kann.

Darüber hinaus haben enge Abstände untereinander den Vorteil, dass bei einem Ballverlust unmittelbare Hilfe in der Nähe ist, um das Konterspiel des Gegners zu kontrollieren. Die

Ballbesitzphase wird also nicht isoliert betrachtet, sondern dient der Vorbereitung des Ballverlustes.

Da die Mannschaft sehr ballsicher und spielintelligent ist, sollen diese Stärken genutzt und im Spielaufbau ersichtlich werden. Die Verteidiger haben einen Gegenspieler als Referenzpunkt, sodass Pressingabläufe bei einer gleichbleibenden Aufbaustruktur leicht zu organisieren sind. Folglich ist es das Ziel, **unterschiedliche Abläufe im Spielaufbau** zu haben oder die **Systematik** punktuell **umzustellen**. Deshalb wird im eigenen Offensivspiel eine **Variabilität** angestrebt, durch die der gegnerische Zugriff erschwert werden soll.

Die Spieler sollen intuitiv (siehe 3.4.7) eigenständig Entscheidungen treffen. Mittels Spielprinzipien erhalten sie konkrete Handlungsorientierungen, die ihnen helfen sollen und ein Abbild der eigenen Spielidee sind.

» Überzahlsituationen suchen und mit Tempo ausspielen,
» flache diagonale Pässe,
» Optionen in mehreren Ebenen anbieten,
» Tiefe und Breite in der letzten Linie sowie den Zwischenlinienraum besetzen,
» anspielbar sein, binden oder Restverteidigung aufbauen,
» diagonal vernetzen,
» auf der Suche nach offenen Räumen sein,
» Tempo und Variabilität durch eine offene Stellung,
» enge Abstände zueinander,
» geschlossenen Spielern eine diagonale Klatschoption anbieten.

Die Grundordnung ist nach wie vor ein polarisierendes Thema unter Trainern und Journalisten. In meinem Verständnis unterstützt sie im besten Fall die Spielidee. In unserem Beispiel haben wir viele kombinationsstarke Spieler, die ich auf den Platz kriegen wollen würde. Zeitgleich hat der Kader wenig 1-gegen-1-Spieler.

In dieser offensiven Spielidee sollen Spieler in den **Halbräumen** oder im **Zentrum** durch einen **zielgerichteten Ballbesitz** in eine **offene Stellung** gebracht werden. Zudem soll **Dynamik durch Überzahlsituationen** ausgelöst werden. Hierfür bietet sich die Raute über die vielen impliziten Rauten- und Dreiecke dieser geometrischen Anordnung an, die ich nutzen kann, um die Umsetzung meiner Spielidee zu erleichtern. Darüber hinaus kann ich so auf meine laufstarken Außenverteidiger setzen, die imstande sind, den einfach besetzten Flügel dieser Anordnung zu bespielen. Folglich soll im Offensivspiel ein 4-4-2 mit einer Raute im Mittelfeld als Grundordnung erarbeitet werden.

## 5.3 DEFENSIVE SPIELIDEE

Das eigene Defensivspiel ist nicht so stark von der Beschaffenheit des Kaders abhängig wie das Offensivspiel. Ganz einfach ausgedrückt geht es darum, den Gegner daran zu hindern, Tore zu schießen. So wie wir aus offensiver Sicht in gefährliche Räume kommen wollen, möchten wir aus defensiver Perspektive verhindern, dass der Gegner diese Räume bespielt. Tore werden insbesondere innerhalb des Strafraums erzielt und primär aus den Halbräumen und aus dem Zentrum heraus vorbereitet. Daraus ergibt sich die Konsequenz, das **Zentrum und die Tiefe bestmöglich zu verteidigen**.

Durch ein **kompaktes und intensives Verteidigen** (siehe 3.3.4) bekommt der Gegner wenig Zeit und Raum, gute Entscheidungen treffen und umsetzen zu können. Auch hier werden eine hohe **Spielaktivität** und ein hohes **Verantwortungsbewusstsein** großgeschrieben. Der pressende Spieler soll im **auslösenden Moment** stets **ab- und durchgesichert** werden. Torsicherung und Balleroberung erfolgen über einen mannschaftlichen Gedanken. Durch eine **hohe Ballorientierung** wird eine **Überzahl in der Nähe des Balles** angestrebt. Unmittelbare Anspielstationen werden durch eine **intensive Gegnerorientierung** belauert.

Verteidigen ist immer ein Spannungsakt zwischen Zugriff herstellen und zeitgleich eine gute Absicherung zu bewahren. In unserer defensiven Spielidee wird dieser Spannungsakt durch eine gesunde **Balance** aufgelöst. Viel Zugriff zulasten einer geringen Absicherung ist ebenso ein Indikator eines schlechten Pressings wie wenig Zugriff aufgrund einer zu hohen Absicherung.

Durch eine **hohe Abwehrkette** soll der für den Gegner zu bespielende Raum verknappt werden. Der für uns so wichtige Zwischenlinienraum wird klein gehalten und kann situativ dynamisch aufgrund der Kompaktheit aus der Abwehrkette heraus verteidigt werden. Eine gute **Kommunikation** innerhalb der Mannschaft hilft, die **Organisation aufrechtzuerhalten**. Durch ein **aktives Anlaufen** des Ballführenden sind raumgreifende Bälle schwieriger zu spielen, sodass **die Tiefe geschützt** werden kann. **Passwege ins Zentrum** sollen so gut es geht **verhindert werden**. Stattdessen soll der Gegner am **Flügel isoliert** werden, wo ihm weniger Handlungsspielraum zur Verfügung steht.

Wie die Analyse gezeigt hat, haben wir im wichtigen Sechserraum nicht die defensiv zweikampfstärksten Spieler, allerdings eine Mannschaft, die bereit ist, **Verteidigen als Teamleistung** zu verstehen. Auch die Präkonzepte des vorherigen Trainers, offene Passwege zu belauern, können zunutze gemacht werden. Dementsprechend soll eine Balleroberung über ein kollektives Pressing erfolgen, indem der Gegner aufgrund eines hohen Zeit- und Raumdrucks zu **Fehlpässen gezwungen** wird, die im Optimalfall sauber abgefangen werden. Die fehlende Körperlichkeit im Zweikampf soll durch eine **giftige Haltung** und **hart geführte Duelle** kompensiert werden.

Durch einen hohen Fokus (siehe 3.5.5) und ein **abgestimmtes Kettenspiel** auf potenzielle Pässe in den Rücken der eigenen Abwehr soll vermieden werden, dass die Verteidiger oftmals in ein Laufduell müssen. Zudem soll **innerhalb der Pressingzone ein hoher Druck** auf den ballführenden Gegner ausgeübt werden, sodass tiefe Pässe leichter zu antizipieren und grundsätzlich schwerer zu spielen sind.

Auch in der defensiven Spielidee liefern Spielprinzipien wieder eine Orientierung für das kollektive Verhalten im gegnerischen Ballbesitz:

- das Zentrum und die Tiefe müssen bestmöglich verteidigt werden,
- hohe Intensität im Anlaufen,
- das Pressing ab- und durchsichern,
- Überzahl herstellen,
- ballnah eine intensive Gegnerorientierung, ballfern im Raum verteidigen,
- Kompaktheit durch enge Abstände,
- optimale Höhe der Abwehrkette,
- hohe Spielaktivität und Verantwortung,
- Balance zwischen Zugriff und Absicherung finden,
- Handlungsoptionen nehmen.

# 6 DIDAKTIK

Wie im ersten Kapitel bereits erwähnt: Meiner Ansicht nach stellt die gezielte Trainingsplanung eine der Kernaufgaben des Trainerberufs dar. Hierfür ist eine sorgfältige didaktische Arbeit unerlässlich. Doch was versteht man darunter?

Im Rahmen der Didaktik geht es sowohl in der Theorie als auch in der Praxis darum, die Strukturen von Lernprozessen zu verbessern. Stand die Didaktik vor einigen Jahren lediglich im Kontext der schulischen Bildung, hat sie sich mittlerweile auch in außerschulischen Bereichen etabliert. Sie befasst sich mit der **Analyse**, der **Planung**, der **Durchführung** und der **Evaluation** von **Lernangeboten** (vgl. Prang, 2010).

Didaktik bezieht sich also auf die Wissenschaft und Kunst des Vermittelns und Lernens. Sie beschäftigt sich damit, wie Wissen und Fähigkeiten effektiv vermittelt und von Lernenden aufgenommen werden können. Didaktik ist nicht nur auf schulische Kontexte beschränkt, sondern umfasst auch alle Formen von Lehr-Lern-Prozessen in verschiedenen Umgebungen – unter anderem im Fußball.

Didaktische Arbeit wird zu einem großen Teil von erziehungswissenschaftlichen Theorien geleitet. In diesem Kontext ist vor allem der Ansatz der bildungstheoretischen Didaktik zu nennen, der versucht, die Lerninhalte anhand ihres Bildungswertes zu legitimieren (vgl. Killermann et al., 2013).

Klafki (1964) versucht die angestrebten Lerninhalte in puncto *Gegenwartsbedeutung, Zukunftsbedeutung, Sachstruktur, exemplarischer Bedeutung* und *Zugänglichkeit* kritisch zu hinterfragen. Die Beantwortung der folgenden drei Fragen steht im Vordergrund seiner didaktischen Analyse:

1. Was soll aus der Fülle der heute vorliegenden Erkenntnisse in allgemeinbildenden Schulen unterrichtet werden?
2. Warum sollen bevorzugt die ausgewählten Inhalte unterrichtet werden?
3. Wozu soll unterrichtet werden, d. h., welche Fähigkeiten und Kompetenzen sollten die Lernenden erwerben?

Natürlich lässt sich seine auf die Schule ausgerichtete didaktische Analyse nicht eins zu eins auf den Fußball übertragen. Allerdings kann sein didaktisches Gedankengut als Orientierung dienen und wird unter 6.2 erneut aufgegriffen.

In erster Linie versteht sich die Didaktik also als systematische Hilfestellung, das Potenzial von Lernangeboten durch eine durchdachte Analyse und Planung zu maximieren - womit wir wieder bei dem Ziel sind, clever zu trainieren! Sie bildet das Kernstück der Trainingsvorbereitung. Auch die anschließende Reflexion der Trainingseinheit ist Bestandteil der Didaktik, da sie dauerhaft die Intention verfolgt, die Lernprozesse zu optimieren.

## 6.1 DER NUTZEN DIDAKTISCHER ARBEIT

Mithilfe des Buches sollen ambitionierten Trainern Denkanstöße geliefert werden, sich mit der bewussten und nachhaltig angelegten Trainingskonzeption zu befassen. Ähnlich wie in vielen Bereichen des Lebens, haben wir im Laufe der Trainerarbeit ein Bauchgefühl entwickelt, welche Trainingsformen sinnvoll sind und welche eher in die Kategorie „Erfahrungswerte" fallen. Es ist legitim, sein Bauchgefühl mit einzubeziehen. Schließlich hilft es uns, schnelle Entscheidungen zu treffen und die Komplexität des Fußballs zu reduzieren. Sich ständig gezielt zu fragen, welche Leistungsfaktoren man wie trainieren möchte, kostet auf Dauer Zeit und Energie.

Allerdings kann die Leistung auch zurückgehen, wenn man sich nur auf sein Bauchgefühl verlässt. Um es einfach auszudrücken: Ist man beispielsweise ein Freund davon, verhältnismäßig oft mit der gesamten Mannschaft in großen Spielformen zu trainieren, kann es passieren, dass die Entwicklung positionsspezifischer Techniken und Taktiken (siehe 3.2) zu kurz kommt. Auch hinsichtlich von Objektivität hat das Bauchgefühl seine Schwächen, da es meistens die individuelle Perspektive widerspiegelt. Subjektiv sagt mir mein Gefühl, dass ich eine „gute" Trainingsform ausgewählt habe. Es wird keinen Trainer geben, der mit der Haltung in das Training geht, sein Training sei nicht gut. Doch was bedeutet schon „gut"?

Vermutlich wurde in der zurückliegenden Trainingspraxis zu oft auf das Bauchgefühl gehört. Mithilfe von didaktischen und methodischen Überlegungen wird die Qualität des Trainings erhöht, sie können sicherstellen, dass die komplexe Leistungsstruktur des Fußballs besser abgedeckt wird als früher. Hierdurch sollen folgenschwere Fehler aus der Vergangenheit vermieden werden.

*Anhand der dargestellten individuellen Betrachtungsweise (siehe 3) kann geprüft werden, über welche Fertigkeiten ein zentraler Stürmer verfügen muss. Die Reflexion des eigenen Trainings hat ergeben, dass die Einheiten zu wenig Reize zur Schärfung seines Profils geboten haben. Viel zu selten mussten die Stürmer den Ball mit dem Rücken zum Tor abschirmen und kamen zudem wenig in Abschlusssituationen. In der folgenden Planung wird dies berücksichtigt, indem das Training wieder vermehrt ein stürmerspezifisches Verhalten abdeckt.*

Aufgrund einer kurzen didaktischen Analyse und des damit einhergehenden Einflusses auf das Training soll die Qualität der zentralen Stürmer verbessert werden. Der Qualitätszuwachs des Stürmers garantiert noch keine drei Punkte am Wochenende. Wir decken aber einen weiteren Mosaikstein einer komplexen Leistungsstruktur ab und erhöhen somit sukzessive die Wahrscheinlichkeit auf Erfolg.

Es soll das Lernpotenzial des grundsätzlichen Trainings bestmöglich ausgeschöpft werden. Hierüber kann man sich einen Wettbewerbsvorteil gegenüber den anderen Mannschaften erarbeiten. Grob betrachtet werden die meisten Mannschaften ähnlich oft trainieren können. Training ist aufgrund der Belastungssteuerung nun einmal eine begrenzte Ressource, die es intelligent zu steuern gilt. Damit es gelingt, ein effizienteres Training als die Konkurrenz anzubieten, müssen Zeit und Energie in die Trainingskonzeption investiert werden.

## 6.2 DIDAKTIK IM FUßBALL

Zuvor haben wir ein wenig über die Aufgaben der allgemeinen Didaktik erfahren. Fußball ist eine komplexe Sportart mit ihren eigenen Besonderheiten, die eine spezifische didaktische Denk- und Arbeitsweise erfordert. Es wird die Perspektive nahegelegt, die Leistungen im Fußballspiel sowohl auf individueller als auch auf mannschaftlicher Ebene zu bewerten. Daraus ableitend ergibt sich die Konsequenz, über das Training den Spieler und das Zusammenspiel der Mannschaft zu verbessern.

Die allgemeine Didaktik gliedert sich in die Fachdidaktiken auf und berücksichtigt in ihrer Planung die Eigenarten des jeweiligen Fachs, in diesem Fall des Fußballs. So wie die meisten Fachdidaktiken interdisziplinär mit weiteren Wissenschaften zusammenarbeiten und sich an deren Erkenntnissen bedienen, wollen wir uns hier auch nicht sperren und sie mit in die Planung einfließen lassen. Das zuvor dargestellte sportwissenschaftliche, sportpsychologische und neurowissenschaftliche Know-how soll in der Trainingsplanung berücksichtigt werden.

Betrachtet man Fußball als ein Zusammenspiel von verschiedenen Elementen, so entstehen Wechselwirkungen, die Fußball zu einem nicht vorhersehbaren Sport machen. In dem bisherigen Theorieteil des Buchs wurde versucht, die Elemente des Spiels (technisch-taktische, athletische, kognitive und psychische Fertigkeiten sowie die gemeinsame Spielidee) herauszuarbeiten. Mit steigender Kontrolle dieser Elemente wird sich die Wahrscheinlichkeit auf Erfolg erhöhen. Es liegt die Überlegung zugrunde, dass durch das hoch organisierte Zusammenwirken dieser einzelnen Elemente Leistung im Fußball entsteht und planbar wird.

Es muss kein Hehl daraus gemacht werden, dass auch der Gegner im Wettstreit um drei Punkte noch ein Wörtchen mitzureden hat und die Handlungen des Gegners die potenzielle Vielzahl von Spielsituationen und somit die Spieldynamik massiv erhöhen. Im Mittelpunkt dieser Betrachtung steht das, was wir aktiv beeinflussen können – und das ist die Spielkompetenz sowie die gemeinsame Spielidee.

Ähnlich wie ein zusammenbrechendes Kartenhaus kann die Leistung einer Mannschaft innerhalb eines Spiels nach einem Gegentor nachlassen, sofern sie beispielsweise nicht über eine kollektive Widerstandsfähigkeit verfügt. Genauso dürfte eine herausragende individuelle Qualität ab einem gewissen Niveau nicht mehr ausreichen, wenn die Bereitschaft oder Idee, als Team zu spielen, nicht vorhanden ist. Das Halbfinale zwischen Brasilien und Deutschland bei der Heim-WM der Brasilianer 2014 dürfte hierfür ein Beispiel liefern, wie wichtig es ist, dass die leistungsrelevanten Elemente wie Zahnräder ineinandergreifen müssen.

Die Beschränkung auf einzelne Elemente und das damit einhergehende Vernachlässigen der anderen, kann die Spreu vom Weizen trennen und Ursache von fehlendem Erfolg im Fußball sein. Ein weitgefächerter Blick als Trainer auf sämtliche Elemente des Spiels ist unabdingbar. Als Orientierungshilfe kann der vorherige Theorieteil helfen, sich dessen bewusst zu werden.

Trainer gelten oft als Autodidakten - also als Menschen, die sich eigenständig Wissen aneignen. Dabei finden sie meistens Antworten direkt aus dem Spiel heraus. Da sich das Training an den Erkenntnissen des Spiels orientiert, ist die Spielanalyse zwangsläufig auch immer Bestandteil der didaktischen Trainingsarbeit.

Hat beispielsweise die eigene Mannschaft Probleme im Spielaufbau, ist zunächst die Ergründung der Ursachen unerlässlich. Kommt der Trainer zur Erkenntnis, dass es primär an kognitiven Fertigkeiten mangelt, müssen diese Bestandteil der Trainingsplanung sein. Die kognitiven Fertigkeiten lassen sich ausdifferenzieren (siehe 3.4) und der Trainer muss hier in seiner Ursachenforschung ins Detail gehen.

Können die Spieler freie Räume und Bewegungen der Mitspieler nicht wahrnehmen? ➺ Dann gilt es, die Wahrnehmungsleistung zu verbessern.

Scheitert es daran, dass Spieler oftmals die weniger aussichtsreichen Lösungen treffen? ➺ Dann sollten ihre kognitive Wissensbasis und Handlungsvalenz durch wettspielnahes Training zum Spielaufbau verbessert werden.

Denken die Spieler zu viel nach und spielen nicht intuitiv? ➺ An dieser Stelle sollten wir unsere Arbeit als Trainer reflektieren und überprüfen, ob wir die Mannschaft vielleicht mit zu vielen Informationen überladen haben.

Die im Folgenden genannten Aufgabenfelder zählen zu den gegenwärtigen Aufgaben der Didaktik im Fußball und liefern Trainern in Anlehnung an Klafkis didaktische Analyse (siehe 6) praktische Anregungen zur Trainingskonzeption.

1) **Die Erforschung von Lernvoraussetzungen.** Um effektiv arbeiten zu können, ist es wichtig, sich die Ausgangsbedingungen der Mannschaft und die Spezifika der Liga vor Augen zu führen. Das Training sollte sich immer am jeweiligen Alters- und Leistungsbereich orientieren. Hierfür sind folgende Leitfragen hilfreich:

» Über welche individuellen Stärken und Schwächen hinsichtlich der technischen, athletischen, kognitiven und psychischen Fertigkeiten verfügt jeder Spieler?
» Über welche kollektiven Stärken und Schwächen verfügt die Mannschaft?
» Was ist die intuitive Spielweise der Mannschaft?

- Über welche Präkonzepte verfügt die Mannschaft in den einzelnen Spielphasen? (Insbesondere wichtig bei der Übernahme einer neuen Mannschaft)
- Über welche Zugänge lernen die Spieler am besten?
- Welche Anforderungen stellt die Liga an meine Mannschaft? (Spielweise, Körperlichkeit, technisches Vermögen, Spieltempo, Zuschauer, Standards ...)

2) **Begründung von Trainingsformen.** Es sind hauptsächlich Trainingsformen von vorrangiger Wichtigkeit, die:

- auf die Verbesserung technischer, kognitiver, athletischer und psychischer Fertigkeiten abzielen,
- eine ganzheitliche Schulung dieser Elemente sicherstellen,
- unverhandelbare positionsspezifische Kompetenzen verbessern,
- einen Widererkennungswert bezüglich der gemeinsamen Spielidee liefern,
- einen hohen - aber dem Niveau entsprechenden - Komplexitätsdruck aufweisen,
- die individuellen und kollektiven Stärken hervorheben,
- die individuellen und kollektiven Schwächen ausgleichen,
- den individuellen Fortschritt des Spielers gewährleisten,
- den mannschaftlichen Erfolg voranbringen,
- das intuitive Spielen fördern,
- eine hohe Spielintensität ermöglichen,
- eine hohe Aktionsdichte (z. B. viele Ballkontakte und Entscheidungen pro Spieler ...) haben,
- Spaß bringen.

In den letzten Jahren hat sich der Fußball sukzessive weiterentwickelt und somit verändert. Nach jedem großen Turnier gab es neue Erkenntnisse des Spitzenfußballs. Mal war es das Positionsspiel der Spanier, dann die mannschaftliche Geschlossenheit der Deutschen, dann wiederum das Umschaltspiel der Franzosen und zuletzt die individuelle Qualität der Argentinier, streng genommen die von Lionel Messi, die die großen Erfolge bescherten. So oder so: Fußball befindet sich im ständigen Wandel und es ist die Aufgabe des Trainers, die Trainingsformen und Lerninhalte immer wieder aufs Neue zu überprüfen und zu legitimieren.

3) **Festlegung von Lernzielen.** In der konkreten Trainingsplanung sollen die Trainer schwerpunktmäßig ihre Ziele festlegen.

- Möchte ich den einzelnen Spieler, einzelne Gruppen (z. B. Viererkette) oder die Mannschaft verbessern?
- Stehen technische, athletische, kognitive oder psychische Fertigkeiten im Mittelpunkt der Betrachtung?
- Habe ich die heutigen Lernziele in den vergangenen Wochen bereits berücksichtigt?
- Passen die Lernziele zur Spielidee?
- Sind die Lernziele in Relation zum Leistungsniveau passend gewählt?
- Berücksichtigen die Lernziele die Charakteristika der Liga?

# 7 METHODIK

Dem vorherigen Kapitel können wir entnehmen, dass die Methodik in einigen Denkrichtungen als Teil der Didaktik verstanden werden kann. Da eine geschickte methodische Kompetenz ein Qualitätsmerkmal eines Trainers darstellt, soll das Kapitel „Methodik" gesondert behandelt und vorgestellt werden. Methoden sind per se nicht richtig oder falsch. Vielmehr betrachte ich sie als „geeignet" oder „nicht geeignet" auf dem Weg zur Erreichung des angestrebten Lernziels.

Methoden werden eingesetzt, um Lernziele zu erreichen. Es dreht sich also um den Lernweg und die damit einhergehende Frage des „Wie [erziele ich eine Verbesserung des Umschaltens nach Ballverlust; verbessere ich meinen Stürmer im Spiel mit dem Rücken zum Tor]?". Eine optimale systematische Vermittlung von Trainingsinhalten, die in der Erreichung von Lernzielen mündet, ist Ausdruck einer guten Methodik.

## 7.1 TRAININGSMETHODIK IM FUßBALL

Methodisches Handeln im fußballerischen Kontext sollte sich nicht nur auf die Konzeption der Trainingsformen beschränken. Vielmehr verspricht man sich davon, noch mehr Potenzial aus einer Trainingseinheit zu schöpfen, indem die folgenden drei Ebenen betrachtet und in die Überlegungen mit einbezogen werden:

» **Betrachtungsweise**

- Oben wurde gezeigt, dass sowohl eine individuelle als auch eine mannschaftliche Betrachtungsweise von Relevanz ist, um die Qualität des eigenen Spiels zu erhöhen. Demnach stellt sich auch in der Methodik die Frage, ob ich als Trainer primär mit dem einzelnen Spieler oder der gesamten Mannschaft interagieren möchte und ob es sich um ein spieler- oder trainerzentriertes Training handeln soll. Beides hat seine Vor- und Nachteile und sollte stets auf die Lernvoraussetzung und die Trainingsziele abgestimmt sein.

» **Lernprozesse**

- Im klassischen Trainerverständnis wird einerseits zwischen „Üben" und „Spielen" und andererseits zwischen implizitem und explizitem Lernen unterschieden. Siehe hierzu vertiefend 7.2-7.5.

» **Trainingsabfolge**

- Hiermit ist die Struktur des Trainingsprozesses gemeint. Und dies bezieht sich nicht nur auf eine zeitliche Dimension, sondern vielmehr auf die logisch aufeinander abgestimmte Verknüpfung von Trainingssequenzen.

Trainingsziele und -inhalte sind elementare Bestandteile der Didaktik. Sie auf Grundlage einer Analyse zur Lernvoraussetzung festzulegen, ist ein wichtiger Schritt einer intelligenten Trainingskonzeption. Daraufhin gilt es, sich die Frage zu stellen, wie es mir als Trainer bestmöglich gelingen wird, die Inhalte zu vermitteln, um meine Trainingsziele zu erreichen. Hierfür ist ein methodisches Handwerkszeug unabdingbar - schließlich besteht ein Zusammenhang zwischen Inhalten, Zielen und Methodik. Die Frage, in welchem Ausmaß die Lernziele erreicht werden, ist von der methodischen Qualität des Trainers abhängig.

*Greifen wir die die erstgenannte Fragestellung „Wie erziele ich eine Verbesserung des Umschaltens nach Ballverlust?" auf und verknüpfen sie im Schnelldurchlauf mit den didaktischen Empfehlungen des vorangegangenen Kapitels.*

1. *Die Erforschung der Lernvoraussetzungen hat gezeigt, dass die Mannschaft selten eine abgestimmte Reaktion nach einem Ballverlust zeigt. Da wir wissen, dass die Mannschaft bei ihrem vorherigen Trainer sich nach Ballverlust primär auf die eigene Torsicherung konzentriert hat (Präkonzept),*
2. *entscheiden wir uns, zunächst lediglich in hohen Zonen ein Gegenpressing einzuführen. Als Trainingsinhalt legen wir das Gegenpressing nach einem Ballverlust in hohen Zonen fest, da es Bestandteil unserer angestrebten Spielphilosophie ist, wir dort momentan noch kollektive Defizite wahrnehmen und uns davon langfristig vielversprechende Balleroberungen versprechen.*
3. *Um ein erfolgsstabiles Gegenpressing dauerhaft abrufen zu kommen, bedarf es mehrerer aufeinander abgestimmter Teilziele, die ineinandergreifen müssen. Es ist unmöglich, sie in einer Trainingseinheit abzudecken, sodass wir uns zunächst auf das Spielprinzip „Den Ballführenden schnellstmöglich unter Handlungsdruck setzen" als Lernziel konzentrieren.*
4. *Damit unser Trainingsziel erreicht wird, müssen wir uns über die Methodik Gedanken machen. Prinzipiell steht uns Trainern mittlerweile eine Vielzahl an Spiel- und Übungsformen zur Verfügung - unser Ziel ist es jedoch, die nach Möglichkeit geeignetste Form auszuwählen. Da wir Gegenpressing als Spielstrategie einführen möchten und die Mannschaft darin an einem Strang ziehen muss, entscheiden wir uns, mit der gesamten Mannschaft zu interagieren. Um den Spielern ein grundsätzliches Verständnis der eigenen Spielidee nach Ballverlust nahezubringen, wird der Trainer im ersten*

*Schritt dominant sein und den Spielern einige Hilfestellungen mit an die Hand geben. Zunächst handelt es sich also um ein trainerzentriertes Training mit der gesamten Mannschaft (Betrachtungsweise). Gegenpressing lebt davon, dass die richtigen Entscheidungen getroffen werden müssen. Folglich ist eine Spielform deutlich geeigneter als eine Übungsform. Ich bin davon überzeugt, dass auf dem Niveau in der Herrenregionalliga eine Verknüpfung von explizitem und implizitem Training unerlässlich ist. So ist es hilfreich, das Verhalten nach Ballverlust im letzten Spiel anhand von Videosequenzen zu thematisieren, die Spieler sollen darüber hinaus auch eigene Spielerfahrungen sammeln (Lernprozesse). Um am Ende mit der gesamten Mannschaft wettspielnah zu trainieren, soll im Vorfeld in wettkampfnahen Spielformen der mentale Umschaltimpuls getriggert werden (Trainingsabfolge).*

Das grundsätzliche Verständnis des Trainers vom Fußball bestimmt im Kern seine methodische Herangehensweise an das Training. Meine Empfehlung lautet, Spielverständnis und Trainingsmethodik aufeinander abzustimmen.

Ich verstehe Fußball als ein dynamisches Spiel, das von einem ständigen Wechsel von Spielsituationen lebt, wodurch dem Spiel ein unvorhersehbarer Charakter verliehen wird. Diese permanent neuen Spielsituationen sind Ausdruck der angeführten Elemente auf individueller und mannschaftlicher Ebene. Hinzu kommen die Wechselwirkungen durch gegnerische Handlungen.

Je höher die Spielkompetenz der Spieler und je ausgeprägter und passender die gemeinsame Spielidee ist, desto besser können diese Spielsituationen gelöst werden. In der Konsequenz wird die Leistungsfähigkeit der Spieler und der Mannschaft gesteigert. Im Fußball garantiert das leider noch keinen Erfolg. Der Gegner möchte am Wochenende schließlich auch die Punkte einfahren. Es erhöht jedoch die Wahrscheinlichkeit des Gelingens.

Wir hatten gesehen, dass sich die Spielkompetenz kumulativ aus dem Zusammenspiel von technisch-taktischen, athletischen, kognitiven und psychischen Fertigkeiten zusammensetzt. Demnach sollte auch so trainiert werden, dass die Trainingsformen in Häufigkeit das Zusammenwirken dieser Fertigkeiten ansprechen. Das Training sollte folglich einen möglichst hohen Anteil an Spielformen haben, die die zeitgleiche Förderung der genannten Fertigkeiten garantieren. Dieses simultane Trainieren sämtlicher Fertigkeiten ist effizienter als ein isoliertes Training. Dabei hat jede Spielform aufgrund der eigenen Architektur eine spezifische Trainingswirkung (siehe 7.6). Dieser Tatsache sollte sich ein Trainer bewusst sein.

Auch die gemeinsame Spielidee kann nicht losgelöst vom Verhalten des Gegners betrachtet werden, weshalb gegnerische Interaktionen beim Training von mannschaftlichen Themen stets miteinbezogen werden sollten.

Diese grundlegenden Überlegungen haben Einfluss darauf, wie trainiert werden soll. Das Spiel liefert uns also Antworten auf die Frage, wie wir trainieren möchten.

## 7.2 IMPLIZITES LERNEN

Als Trainer sind wir primär für das Lernpotenzial des Trainings verantwortlich. Es kann ein Trugschluss sein, zu glauben, dass ein Training mit einem hohen Lerncharakter auch zwangsläufig zu einer Entwicklung auf Spielerseite führt. Neben der emotionalen Beziehung zwischen Trainer und Spieler (wie gut erreiche ich den Spieler?) hat auch die Spielerpersönlichkeit (wie sehr möchte ich mich verbessern?) einen erheblichen Einfluss auf seine Entwicklungskurve.

Grundsätzlich können Lernprozesse auf zwei Arten ausgelöst werden. Eine davon ist das implizite Lernen. Dieser Lernprozess zeichnet sich durch ein eher beiläufiges, spielerisches und unterbewusstes Lernen aus. Es kann davon ausgegangen werden, dass sich dieses neue Wissen schlecht verbalisieren lässt und der Lernprozess weniger Aufmerksamkeitsressourcen bedarf. Der Lernprozess des impliziten Lernens gilt insbesondere bei komplexen Reizmustern als effizient (vgl. Bak, 2019).

Mit Blick auf den Fußball, den ich als komplexen und unvorhersehbaren Sport verstehe, ist es unmöglich, sich auf jede einzelne Spielsituation genau einzustellen. Gewisse Situationen haben zwar einen hohen Wiederholungscharakter, unterscheiden sich jedoch auch im Detail.

*Im Spielaufbau agiert die eigene Mannschaft häufig aus einem 4-3-3 und trifft im Laufe der Saison immer wieder auf Mannschaften, die ein 4-4-2-Mittelfeldpressing spielen und den Weg ins Zentrum versperren. Die eigenen Spielfortsetzungsmöglichkeiten ergeben sich primär am Flügel, sodass es zwar zu wiederkehrenden Spielsituationen kommt, die sich in vielerlei Hinsicht allerdings unterscheiden: veränderte mentale und konditionelle Verfassungen im Spielaufbau, unterschiedlicher Zeit-, Raum-, und Gegnerdruck, wechselnde gegnerische und eigene Staffelungen.*

Ohne ein ausgeprägtes implizites Wissen ist es unmöglich, die stets neuen Situationen eigenständig bestmöglich zu lösen. Ein Spieler erhält nach einer getroffenen Entscheidung über das Spiel direkt eine Rückmeldung, ob sein Handlungsschema erfolgreich war oder einer Anpassung bedarf. In der Folge kann er es entweder stabilisieren oder seine Handlung in vergleichbaren Situationen verändern (siehe auch 3.4.4).

Dementsprechend gilt es, in der methodischen Konzeption des Trainings diesen Lernprozess immer wieder anzusprechen und Spieler mit einem großen impliziten Wissensschatz auszustatten, den sie durch das Erleben von wechselnden Spielsituationen im Training erweitern können.

## 7.3 EXPLIZITES LERNEN

Wir alle kennen Spieler, die wiederkehrende Entscheidungsfehler machen. Spätestens an dieser Stelle werden die Grenzen des impliziten Lernens aufgezeigt und es ist die Aufgabe des Trainers, den Lernprozess durch das explizite Lernen zu ergänzen. Es beschreibt das bewusste und absichtsvolle Lernen, das fremdinstruiert erfolgt (vgl. Bak, 2019).

Auf die Trainingsarbeit übertragen können das Coachinghinweise während der Spiel- oder Übungsform sein. Aber auch zusätzliche Hilfsmittel wie Taktiktafeln oder Videos fallen in das

Repertoire des expliziten Lernens. Je nach Zielgruppe ist es sinnvoll, sich darüber Gedanken zu machen, welchen Lernprozess wir als Trainer ansprechen möchten und in welchem Verhältnis sie zueinanderstehen sollen (siehe Erforschung von Lernvoraussetzungen). Während insbesondere im Kinders- und Jugendalter der Anteil an implizitem Lernen hoch sein sollte, kann das Training im Erwachsenenfußball zunehmend durch explizite Lernprozesse ergänzt werden. Im Rahmen der Methodik gilt es sich also zu überlegen, mittels welcher Lernprozesse ich meine Lernziele erreichen möchte. Es bedarf eines guten Fingerspitzengefühls, die Balance zwischen zu wenig und zu viel Coaching zu finden.

Einerseits verpassen Trainer oftmals den Moment, in dem es sich lohnen würde, Spielsituationen einzufrieren bzw. simultan zu coachen. Andererseits ist es wichtig, sich stets bewusst zu sein, wie sehr man die Spieler bereits mit Handlungsanweisungen instruiert hat, um eine kognitive und emotionale Überfrachtung zu vermeiden.

**Meine grundsätzliche Empfehlung lautet:** Auf einen hohen Anteil impliziter Lernprozesse setzen. Die Übungs- und Spielformen so zu gestalten und zu modifizieren, dass sie bereits einen ausgeprägten impliziten Lerncharakter aufweisen und sie situativ durch explizites Coaching ergänzen.

Wie es gelingen kann, die Trainingseinheit mit methodischen Kniffen zu verbessern, kann unter 7.6 nachgelesen werden.

## 7.4 ÜBEN (ANALYTISCH)

Die einzelnen athletischen, technischen, kognitiven und psychischen Fertigkeiten sowie mannschaftliche Abläufe können isoliert betrachtet und trainiert werden. Beispielsweise besteht die Möglichkeit, sich in einer Trainingssequenz auf die Verbesserung des weiträumigen Passspiels zu fokussieren. Methodisch kann man die Spielkompetenz auf diese einzelne technische Fertigkeit herunterbrechen und sie analytisch trainieren. Es wird dann vom „Üben" bzw. von einer Übungsform gesprochen. Sie zeichnet sich durch eine geringe Komplexität aus, sodass sich der Spieler vollständig auf die jeweilige Fertigkeit konzentrieren kann. Zudem wird durch die Einfachheit eine möglichst hohe Wiederholungszahl angestrebt.

Diese methodische Herangehensweise kann ihre Berechtigung haben. Insbesondere in der Erwärmungsphase gilt es, den Organismus zunächst auf den Wettkampf vorzubereiten, um Verletzungen zu vermeiden, weshalb komplexe und intensive Spielformen zu Beginn des Trainings nicht geeignet wären. Aber auch aus Gründen der Belastungssteuerung können das Üben einzelner Fertigkeiten bzw. das isolierte Trainieren mannschaftlicher Ablaufe am Tag vor bzw. nach dem Spiel sinnvoll sein. Des Weiteren können durch die Einfachheit tendenziell eher Erfolgserlebnisse verbucht werden, die Einfluss auf die Selbstwirksamkeitserwartung (siehe 3.5.1) haben. Nicht umsonst arbeiten viele Trainer im Abschlusstraining an einem isolierten Torschusstraining. Die Offensivspieler sollen schließlich mit einem guten Gefühl in das anstehende Spiel gehen.

In Anlehnung an mein Verständnis vom Fußball, dem komplexen Zusammenspiel dieser einzelnen Fertigkeiten, lässt sich allerdings eine Reihe von kritischen Anmerkungen zu dieser methodischen Herangehensweise finden.

*Unterliegt das Passspiel im Spiel nicht einem emotionalen, mentalen und physischen Druck, der im isolierten Training kaum Berücksichtigung findet?*

*Welche anderen Fertigkeiten werden zusätzlich trainiert?*

*Entsprechen isolierte Übungsformen dem im Spiel herrschenden Komplexitätsdruck?*

Wir sehen, dass diese methodische Herangehensweise durch die Schulung von lediglich isolierten Fertigkeiten einen geringen Lerncharakter besitzt und eine Reihe von weiteren Fertigkeiten auf der Strecke bleiben. Zudem sind Übungsformen kein vollständiges Abbild des eigentlichen Spiels, das uns am Wochenende erwartet. Aus diesem Grund sollte versucht werden, den Anteil an Übungsformen eher gering zu halten.

## 7.5 SPIELEN (GANZHEITLICH)

Auf der anderen Seite kann sich ein Coach dafür entscheiden, die Fertigkeiten und die gemeinsame Spielidee ganzheitlich zu trainieren. Wir sprechen dann von Spielformen. Es wird komplex trainiert, indem durch Gegnerdruck immer wieder Entscheidungen provoziert werden und anschließend unter psychischen und physischen Druckbedingungen eine motorische Lösung erforderlich ist. Der Anspruchscharakter des Trainings gleicht wesentlich mehr dem des Spiels. Die Spieler werden also durch die ständige Konfrontation mit wechselnden Spielsituationen damit vertraut, sie eigenständig oder als Mannschaft zu lösen.

Auch hier ist es wichtig, sich den Lerncharakter dieses methodischen Ansatzes vor Augen zu führen. Neben den Vorteilen, ganzheitlich zu trainieren und das mannschaftliche Verhalten weiterhin aufeinander abzustimmen, können gerade mit Blick auf die Individualisierung (siehe 4) elementarer Fertigkeiten einzelner Positionsprofile möglicherweise nicht ausreichend Trainings- und somit Entwicklungszeit eingeräumt werden. Durch das komplexe Training können wertvolle Details aus den Augen verlorengehen.

*Entsprechend einer didaktischen Analyse soll das individuelle Zweikampfverhalten der Viererkette trainiert werden. Der Trainer ist ein Verfechter der ganzheitlichen Trainingsmethodik und entscheidet sich für ein wettspielnahes 6 gegen 6 in einer Spielfeldhälfte. In der Trainingsform werden Teile des Flügels diagonal abgeschnitten. Das Spiel beginnt stets bei der offensiven Mannschaft, um eine hohe Dichte an Defensivaktionen zu haben. Die Spielform führt implizit dazu, dass das Verteidigen oftmals über den mannschaftlichen Verbund gelöst wird. Es kommt auch zu Defensivzweikämpfen, allerdings in einer deutlich geringeren Wiederholungszahl, als würde das Zweikampfverhalten in einer Übungsform trainiert werden. Jeder Trainer kennt die Situation, in der er einen einzelnen Spieler coacht, während die anderen elf Spieler warten müssen. Man greift hierauf eher sparsam zu.*

Es darf kritisch überlegt werden, ob über den methodischen Ansatz das eigentliche Trainingsziel erreicht werden kann. Der nette Nebeneffekt ist, dass relevante Basics im Viererkettenspiel (Absicherung, Spiel mit der Höhe, Abstände ...) parallel geschult werden. Ein Vorteil von Spielformen - es wird möglichst viel zeitgleich trainiert. Um Spieler in den **Grundlagen** des positionsspezifischen defensiven Zweikampfverhaltens effizienter zu schulen, wäre eine Übungsform jedoch geeigneter. Sie hätten eine erhöhte Wiederholungszahl und der Trainer hätte mehr Zeit, über ein explizites Coaching wertvolle Hinweise zu geben. Die angesprochenen Nebeneffekte würden entfallen - aber darum ginge es ja nicht. Die Methodik hilft uns, **clever(er) zu trainieren**.

## 7.6 METHODISCHER WERKZEUGKOFFER

Im obigen Kapitel wurden methodische Überlegungen angestellt, die euch bei der Erreichung von Trainingszielen helfen sollen. Am Ende des Tages ist theoretisches Wissen analog zum Potenzial einer Mannschaft wenig wert, wenn es an der Umsetzung scheitert. Aus diesem Grund soll das Kapitel mit praktischen methodischen Werkzeugen abgeschlossen werden. Viele Trainer haben Freude daran, Trainingsformen kreativ zu gestalten. Eurer Fantasie sind hierbei keine Grenzen gesetzt.

Über verschiedene Steuerungselemente nehmen wir Einfluss auf die Spieldynamik der jeweiligen Trainingsform und verändern ihren impliziten Lerncharakter. Im Folgenden sollen ein paar Anregungen geliefert werden, wie man verschiedene Steuerungselemente im Training nutzen kann. Es würde den Rahmen des Buchs sprengen, wenn sämtliche Werkzeuge im Detail erläutert würden. Prinzipiell ist es zunächst ausreichend, die dahinterstehende Idee zu verstehen, über Steuerungselemente den impliziten Lerncharakter einer Trainingsform zu beeinflussen.

Grundsätzlich ist es möglich, jedes der vorgestellten Steuerungselemente in einer Trainingsform zu nutzen - es ist allerdings wichtig, sich über die dazugehörige Wirkung im Klaren zu sein und sich zu überlegen, ob es der Erreichung meines Trainingsziels dient. Auch das zeitgleiche Nutzen mehrerer Werkzeuge ist denkbar. Durch die starke Veränderung der Lernumgebung steigt oder sinkt die Komplexität der Spiel- oder Übungsform.

Final ist es entscheidend, dass der Komplexitätsdruck auf das Fertigkeitsniveau der Spieler abgestimmt ist. Es wird ein hoher Lernzuwachs in jeder Trainingsform angestrebt, weshalb in Häufigkeit die Spieler mit einem herausfordernden Lerncharakter konfrontiert werden - ohne sie zu überfordern. Schließlich haben wir bezüglich der Selbstwirksamkeitserwartung gesehen, dass die eigene Erfolgserfahrung deren zentrale Quelle ist (siehe 3.5.1).

Zielt das Training darauf ab, Spielern nach einer Reihe von Rückschlägen wieder „ein gutes Gefühl" zu geben, ist es durchaus legitim, den Komplexitätsdruck über Steuerungselemente (z. B. Überzahlspieler, große Feldgröße ...) gering zu halten, um Erfolgserlebnisse zu provozieren.

Die fiktiven Trainingsbeispiele in der folgenden Tabelle sind sehr einfach gehalten, um einen schnellen Wiedererkennungswert ohne Abbildungen zu ermöglichen. Vermutlich seid ihr im Laufe eurer Trainer- oder Spielerlaufbahn bereits auf einige davon gestoßen.

| Steuerungs-element | Trainingsbeispiel | Beispielhafte Wirkung |
|---|---|---|
| Feldgröße | 3-Farben-Spiel mit dem Ziel, die Ballzirkulation zu verbessern. | Durch eine Vergrößerung des Feldes steigt u. a. die Anforderung an die Ausdauer, während sich der Zeit-, Raum- und Gegnerdruck reduziert. |
| Feldform | In einem rechteckigen Feld mit einer Länge von 32 Metern und einer Breite von 16 Metern wird ein 4+1 gegen 4+1 auf jeweils zwei Minitoren gespielt. Ein Spieler pro Mannschaft steht als Zielspieler zwischen den Minitoren. Wird er vor dem Torerfolg angespielt, zählt das Tor doppelt. Es soll das offensive Stilmittel „Spiel über den Dritten" trainiert werden. | Die rechteckige Feldform führt implizit dazu, dass das Spiel nach vorne gelöst wird. Spieler nach erhaltenem Vertikalpass haben wenig Raum, um aufzudrehen. Folglich ist es wichtig, rechtzeitig eine Klatschoption anzubieten (Spiel über den Dritten).<br><br>Auch die Provokationsregel (Tore zählen doppelt, nachdem der tiefe neutrale Spieler angespielt wurde) führt zur Erreichung des Lernziels. ➛ zeitgleicher Nutzen mehrerer Steuerungselemente. |
| Zeitdruck | Im Mittelkreis spielen Rot und Blau ein 5 gegen 5+1. 30 Meter vor dem einen Tor stehen zwei blaue Verteidiger, die auf einen roten Stürmer treffen. Auf der anderen Seite verteidigen zwei rote Spieler einen blauen Angreifer. Nach fünf Pässen bzw. einer Balleroberung darf der eigene Stürmer angespielt werden und es rücken zwei Spieler aus dem Kreis zum 3 gegen 2 nach. Das Trainingsziel ist das Ausspielen eines Konters. Nach Anspiel auf den Stürmer gilt eine Zeitbegrenzung. | Je mehr Zeit zur Verfügung steht, desto geringer sind die Anforderungen des Konters.<br><br>Je weniger Zeit der Trainer den Angreifern gibt, desto zielstrebiger und präziser müssen sie agieren. |
| Spieleranzahl | Im doppelten 16er wird ein 3 gegen 3 mit Torwarten gespielt. Das Trainingsziel ist die Verbesserung von offensiven und defensiven Zweikämpfen. | Rein aus technischer Perspektive bietet das 3 gegen 3 dahingehend Vorteile, dass die Spieler eine erhöhte Aktionsdichte haben.<br><br>Je mehr Spieler an der Spielform beteiligt sind, desto geringer wird die einzelne physische Belastung und die Anzahl an Ballkontakten wird sinken.<br><br>Aus kognitiver Sicht steigen die Anforderungen an gruppentaktische Möglichkeiten, sofern die Übung beispielsweise auf ein 5 gegen 5 verändert wird. Aspekte wie eine abgestimmte Raumaufteilung, Rauten- und Dreiecksstaffelungen werden hier wichtiger. Das Spiel wird vermehrt über das gemeinsame Angreifen bzw. Verteidigen gelöst, während im 3 gegen 3 das individuelle Zweikampfverhalten noch stärker im Fokus stand.<br><br>Die Spieleranzahl hat einen starken Einfluss auf den Trainingsschwerpunkt. |

| Steuerungs-element | Trainingsbeispiel | Beispielhafte Wirkung |
|---|---|---|
| Überzahl-/ Unterzahl-spieler | In einem Rechteck mit einer Länge von 42 Metern und einer Breite von 28 Metern spielt die rote Mannschaft mit sechs Spielern gegen acht blaue Spieler auf zwei Großtoren. Rot führt mit zwei Toren Vorsprung und soll die Führung in acht Minuten Spielzeit verteidigen. Bei der roten Mannschaft stehen Willenskraft und Resilienz im Fokus - während die blaue den Fokus auf die notwendigen Aufgaben lenken und sich frei vom Druck machen soll. | Mithilfe von Überzahlspielern lassen sich insbesondere psychische Fertigkeiten gut schulen. Insbesondere die Unterzahlmannschaft muss Frustrationen im Ballbesitz durch eine vermutlich geringe Anzahl an gelungenen Aktionen aushalten und einen hohen läuferischen Aufwand betreiben, um die numerische Unterlegenheit auszugleichen. Diese mentalen und physischen Widerstände gilt es zu überwinden. Die offensive Mannschaft muss in Überzahl einen Rückstand drehen, wofür sie einen klaren Fokus benötigt. Meistens sind es destruktive Emotionen (Unruhe, Stress) die dazu führen, scheinbar einfache ÜZ-Situationen unsauber auszuspielen. Über den Fokus auf die gestellten Aufgaben der jeweiligen Situationen sollen sich die Spieler von den Emotionen frei machen. |
| Anzahl an Kontakten | In einem Spiel auf vier Minitore wird ein 6 gegen 6+2 gespielt. Hierbei sind pro Aktion maximal zwei Kontakte erlaubt, um die Wahrnehmung und Entscheidungsschnelligkeit der Spieler zu trainieren. | Durch die Begrenzung auf zwei Kontakte, steht das offensive Zusammenspiel im Vordergrund. Einzelaktionen, wie Dribblings, werden hierdurch unterbunden. Die Kontaktbegrenzung führt implizit dazu, dass die Mitspieler sich schnell und rechtzeitig anbieten müssen, um eine Anspielstation zu liefern. Der ballbesitzende Spieler muss sich vorher orientieren, potenzielle Lösungen wahrnehmen und schnelle Entscheidungen treffen.<br><br>Auch die Spielintensität und somit die physischen Anforderungen werden durch das schnelle Spiel steigen. |

*Weitere mögliche Steuerungselemente : Zonen, Provokationsregeln, Trefferbedingungen, Wertungen, Ballgröße, Gegnerdruck (aktiv, passiv), neutrale Spieler...*

# 8 TRAININGSKONZEPTION

Zum Ende des Buchs wollen wir uns endlich der Praxis annähern und dabei die zuvor behandelten theoretischen Konzepte aufgreifen. Das ganze Buch zielt darauf ab, über eine clevere Trainingskonzeption die Entwicklung der Spieler und der Mannschaft voranzutreiben. Ehe es ans Eingemachte geht, möchte ich zum Abschluss der gemeinsamen Reise noch mal ins Gedächtnis rufen, wie wichtig die gezielte Auswahl der im Training präsentierten Reize ist. Wir Menschen besitzen nämlich die außergewöhnlich hohe Fähigkeit zu adaptieren. Im Kontext des Fußballs sollten sich Trainer genau überlegen, zu welchen Anpassungen ihr Training führt – und was womöglich aufgrund einer fehlenden Abdeckung im Training auf der Strecke bleibt. Die im Spiel festgestellten Defizite sind oftmals ein Spiegelbild unterrepräsentierter Reize des zurückliegenden Trainings.

Eingangs habe ich davon berichtet, dass es aufgrund der komplexen Leistungsstruktur im Fußball passieren kann, dass wichtige Fertigkeiten bei unzureichender Planung zu wenig Beachtung finden können. Am liebsten würden Trainer immer „alles" trainieren – nur funktioniert das aus verschiedensten Gründen leider nicht. Hand aufs Herz: Wer von euch weiß noch, was er mit seiner Mannschaft vor sechs Wochen trainiert hat? Und inwiefern ist der trainierte Inhalt im sinnvollen Einklang mit der jetzigen Trainingswoche? Eine aufeinander abgestimmte Trainingskonzeption hat unbestritten eine Reihe von Vorteilen. Aber zu glauben, im Fußball lasse sich ein erstellter Wochen- oder gar Monatsplan dogmatisch umsetzen, entspräche einer Illusion. Viel zu sehr lebt der Sport von seiner Dynamik und Unvorhersagbarkeit. Verletzungen, unerwartete Niederlagenserien, Abstellungen für Auswahlmannschaften oder wiederkehrende Fehler im Spiel. Auch dies wären nur exemplarische Beispiele, die als Gründe für Veränderungen in der Trainingsgestaltung angeführt werden könnten. Eine vorausgedachte Planung ist im Jugendfußball grundsätzlich leichter umzusetzen als im Erwachsenenfußball.

Auch aus anderen Sportarten kennen wir das strategische Planen von verschiedenen Zeiträumen – den jeweiligen Zyklen. Sie helfen dabei, die Trainingsinhalte und Trainingsziele sinnvoll aufeinander abzustimmen und die Gesamtrezeptur des Trainings nicht aus den Augen zu verlieren. Innerhalb dieser Zyklen muss jedoch der Kompromiss geschlossen werden, flexibel zu bleiben und äußere Umstände, wie die eben genannten, zu berücksichtigen.

Es wird im Folgenden in drei verschiedene Zyklen unterschieden. Die Trainingskonzeption steht im Einklang mit den vorherigen theoretischen Ansätzen. Es würde die Komplexität unnötig erhöhen, wenn die Belastungssteuerung zusätzlich berücksichtigt würde.

## 8.1 MESOZYKLUS

In der sportwissenschaftlichen Literatur lassen sich unterschiedliche Periodisierungsansätze finden. Im fußballerischen Kontext ist es ratsam, auch hier zwischen Jugend- und Erwachsenenfußball zu unterscheiden. Das Ziel einer periodisierten Planung ist eine progressive und systematische Trainingskonzeption zur Leistungssteigerung. Die gängigen Begriffe Makro-, Meso- und Mikrozyklus beschreiben verschiedene Zeitspannen.

Dabei ist die Dauer der Zyklen nicht in Stein gemeißelt, sondern kann je nach Kontext (Alter, Spielklasse, Saisonphase) angepasst werden. Wichtig ist zu erwähnen, dass im Rahmen einer guten zyklischen Planung neben einer inhaltlichen Steuerung auch die aufeinander abgestimmte Verbesserung der physischen Voraussetzungen angestrebt werden sollte. Da es in dem vorliegenden Buch jedoch um eine begründete inhaltliche Auseinandersetzung mit dem Fußball geht, würde ich den Pfad der physischen Steuerung wieder verlassen und in den folgenden Planungen unberücksichtigt lassen.

Der Makrozyklus umfasst das größte Zeitfenster. Auf den Fußball bezogen handelt es sich hier in der Regel um eine Saisonplanung. Gerade in Nachwuchsleistungszentren werden in den Gesamtkonzeptionen die Ausbildungspläne für die jeweiligen Jahrgänge festgehalten. Aufgrund des geringeren Ergebnisdrucks lassen sie sich oftmals leichter umsetzen als im Erwachsenenfußball. Der Makrozyklus setzt sich aus den Vorbereitungs- und Wettkampfperioden, den Mesozyklen, zusammen. Ein Mesozyklus ist dabei spezifischer als der Makrozyklus und erstreckt sich über wenige Monate.

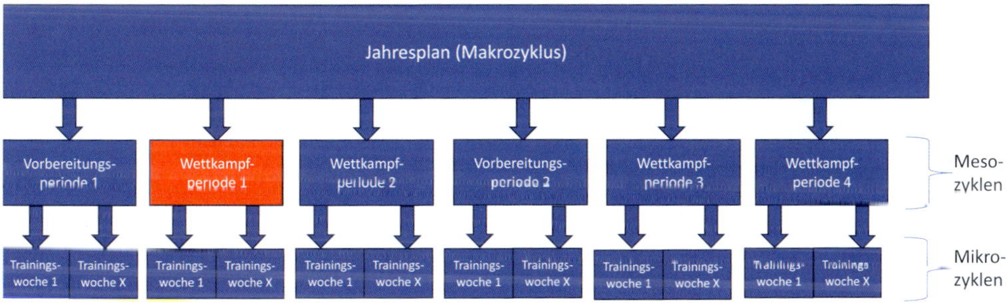


*Abbildung 4: Makro-, Meso- und Mikrozyklen (eigene Darstellung)*

In dem fiktiven Beispiel zur Trainingskonzeption skizziere ich für eine Herrenmannschaft in der Regionalliga die inhaltliche Ausarbeitung der ersten Wettkampfperiode von zwölf Wochen. Wie erwähnt können im Leistungsfußball diverse Gründe eine Flexibilität in der Planung erfordern. Zeitgleich kann eine nur auf kurze Abschnitte ausgelegte Planung zu einer

Vernachlässigung von leistungsrelevanten Bausteinen führen. Ein Mesozyklus kann diesen Spannungsakt der beiden Perspektiven auflösen.

Anhand des zur Verfügung stehenden Rahmenspielplans kann die Schwierigkeit der Spiele eingeschätzt werden. Entsprechend einem Ampelsystem werden drei Kategorien festgelegt:

Rot = Kategorie 1 ➻ Eine Mannschaft aus dem oberen Drittel wird erwartet.
Gelb = Kategorie 2 ➻ Eine Mannschaft aus dem mittleren Drittel wird erwartet.
Grün = Kategorie 3 ➻ Eine Mannschaft aus dem unteren Drittel wird erwartet.

Eine grundlegende Einordnung der gegnerischen Stärke kann dabei helfen, der inhaltlichen Ausrichtung des Trainings eine Richtung zu geben. Gegen eine vermutlich schwächere Mannschaft werden andere Aufgaben als gegen einen Gegner aus „Kategorie 1" erwartet. Es ist jedoch eine Philosophiefrage des Trainers, inwieweit die Trainingsinhalte auf den Gegner abgestimmt sind. Auch der von anderen Mannschaften losgelöste Blick auf die Entwicklung der eigenen Mannschaft ist denkbar. In beiden Fällen hilft ein Mesozyklus.

Neben einer qualitativen Einordnung des Gegners wird im Mesozyklus zwischen einer mannschaftlichen und einer individuellen Betrachtungsweise unterschieden. Wie auch schon im Theorieteil erwähnt, muss das eine das andere nicht ausschließen. Auch in Trainingsformen, die auf eine Verbesserung der gemeinsamen Spielidee abzielen, kann sich beispielsweise der Spieler individuell verbessern. Jedoch eignen sich andere Trainingsformen eher, um eine individuelle Entwicklung anzustoßen. Sie sind effizienter.

### 8.1.1 MANNSCHAFTLICHE BETRACHTUNG IM MESOZYKLUS

Im Folgenden wird anhand einiger Schaubilder erläutert, welche inhaltlichen Themen im Rahmen der „mannschaftlichen Betrachtungsweise" im Mesozyklus relevant sein könnten. Mit welcher Dosierung der Trainer diese Inhalte in seinem Training wiederum aufgreift, ist ihm selbst überlassen. Gezieltes Denken hilft allerdings, ein gutes Verhältnis zu wählen.

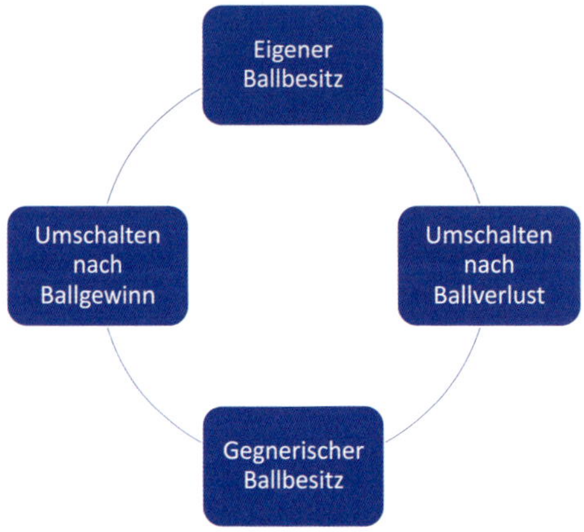


*Abbildung 5: Vereinfachtes Phasenmodell im Fußball (eigene Darstellung)*

Die meisten Trainer werden mit dem Phasenmodell vertraut sein. Die Interpretation der einzelnen Phasen definiert die Spielidee der Mannschaft. Es ist wichtig, sich hiermit zu beschäftigen, um die eigene Spielidee weiterzuentwickeln zu können. Nur das konsequente Trainieren sämtlicher Spielphasen stellt sicher, dass die Mannschaft hierfür einen „kollektiven Fahrplan" entwickelt.

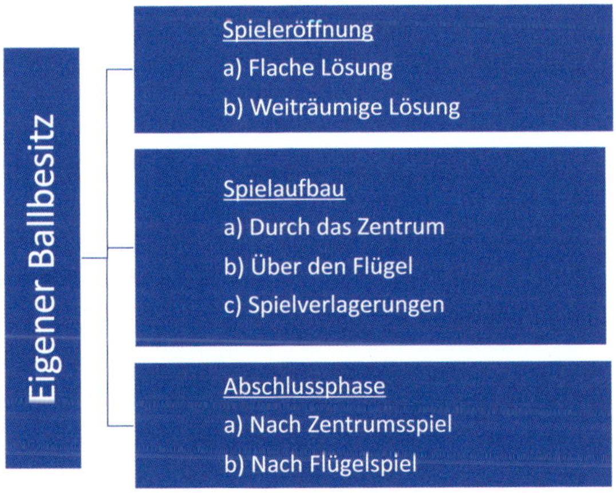


*Abbildung 6: Ausdifferenzierung eigener Ballbesitz (eigene Darstellung)*

Der eigene Ballbesitz lässt sich weiter ausdifferenzieren. Hierzu lassen sich unterschiedliche Gliederungsschemata in der Trainingsliteratur finden. Nur festzulegen, den „eigenen Ballbesitz" zu trainieren, wäre ein wenig oberflächlich. Folglich hilft die vorgeschlagene Struktur, den eigenen Ballbesitz spezifischer zu trainieren. Ich unterscheide in der Spieleröffnung zwischen flachen und weiträumigen Lösungen. Den Spielaufbau unterteile ich in die drei Facetten „durch das Zentrum", „über den Flügel" und „Spielverlagerungen". Gelingt es der Mannschaft, sich in das letzte Drittel zu spielen, befindet sie sich in der Abschlussphase, welche ich wiederum in „nach Zentrumsspiel" und „nach Flügelspiel" unterscheiden würde.

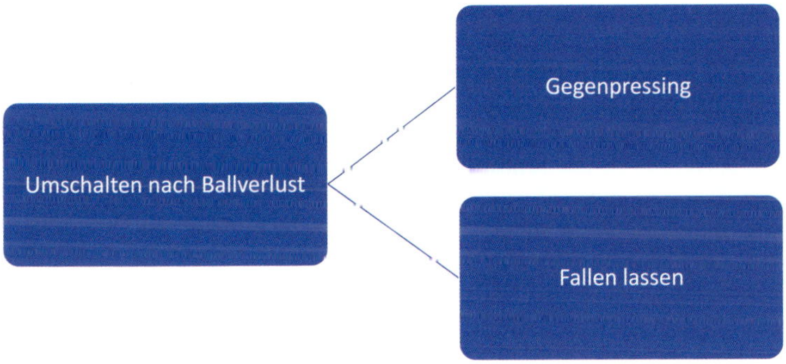


*Abbildung 7: Verhaltensweisen nach Ballverlust (eigene Darstellung)*

Im Falle des Ballverlustes gilt es, schnell umzuschalten und dabei als Mannschaft dieselbe Sprache zu sprechen. Sobald unterschiedliche Entscheidungen getroffen werden, reduziert sich die Wahrscheinlichkeit der sofortigen Rückeroberung des Balles. Darüber hinaus kann auch das Einleiten eines gefährlichen gegnerischen Konters begünstigt werden, wenn die eigene Mannschaft unterschiedliche Handlungsabsichten verfolgt.

Streng genommen bestehen in der Spielphase drei mögliche Handlungsszenarien. Die Möglichkeit, dass die Mannschaft die Höhe hält, soll jedoch nicht weiterverfolgt werden. Bedeutsamer sind Gegenpressing und sich fallen lassen. Wichtig ist an dieser Stelle darauf hinzuweisen, dass die Struktur im Ballbesitz für den Umschaltmoment entscheidend ist. Zwischen den beiden Phasen gibt es einen fließenden Übergang. Aus der Positionierung im Ballbesitz muss eine Mannschaft sich im Zuge des Ballverlustes entscheiden, ob sie realistische Chancen auf ein erfolgreiches Gegenpressing hat oder zunächst die Torsicherung anstreben sollte. In diesem Zusammenhang wird ersichtlich, weshalb es ratsam ist, im Ballbesitz bereits einen Ballverlust einzuplanen und sich dementsprechend zu positionieren.

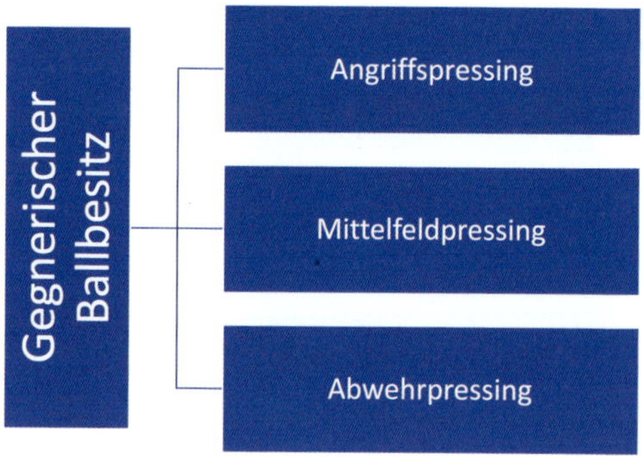


*Abbildung 8: Gegnerischer Ballbesitz (eigene Darstellung)*

Das eigene Ziel im gegnerischen Ballbesitz ist es, einerseits eine Balleroberung anzustreben und andererseits eine Torerzielung des Gegners zu verhindern. Hierfür können verschiedene Arten des Pressings gewählt werden, die jeweils spezifische Vor- und Nachteile haben. Nicht selten variieren Mannschaften innerhalb eines Spiels ihre Pressinghöhe. Aus Spielersicht gehen mit den jeweiligen Ansätzen unterschiedliche Anforderungen einher. Ein Innenverteidiger hat im Abwehrpressing beispielsweise weniger Tiefe im eigenen Rücken als im Angriffspressing zu verteidigen. Hingegen sollte er bei dieser Art des Defensivspiels mit mehreren Flanken des Gegners rechnen. In beiden Fällen ist es ratsam, die Mannschaft durch entsprechende Trainingsreize auf das Pressing vorzubereiten.

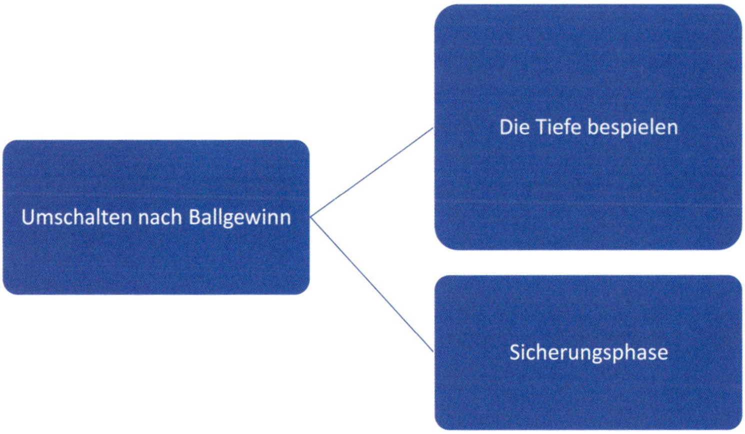


*Abbildung 9: Verhaltensweisen nach Ballgewinn (eigene Darstellung)*

Ein erfolgreiches Pressing mündet idealerweise in einer vielversprechenden Kontersituation. Aber nicht immer ist ein sofortiges Spiel in die Tiefe möglich. Es gibt auch Situationen, in denen es vorteilhafter ist, den Ballbesitz zunächst zu sichern, eine gute Raumaufteilung vorzubereiten und dann erneut aus dem eigenen Ballbesitz heraus einen Angriff zu starten.

### 8.1.2 INDIVIDUELLE BETRACHTUNG IM MESOZYKLUS

Analog zur mannschaftlichen Betrachtung ist es als Trainer sinnvoll, sich über die Entwicklung der individuellen Qualität der eigenen Spieler Gedanken zu machen. Das Zusammenspiel von technisch-taktischen, athletischen, psychischen und kognitiven Fertigkeiten bildet die Spielkompetenz und verleiht einem Spieler seine individuelle Qualität. Erst auf der Basis von individuellen Qualitäten lässt sich eine nachhaltige und erfolgsstabile Spielidee der Mannschaft entwickeln. Insbesondere Jugendtrainer sollten sich hierzu intensiver Gedanken machen und ihr Training auf die Entwicklungsfähigkeit von individueller Qualität prüfen.

Auch in diesem Unterkapitel sollen anhand der folgenden Abbildungen die vorherigen theoretischen Überlegungen skizziert werden. Sie können als eine Art didaktischer Filter zur Trainingsplanung genutzt werden.

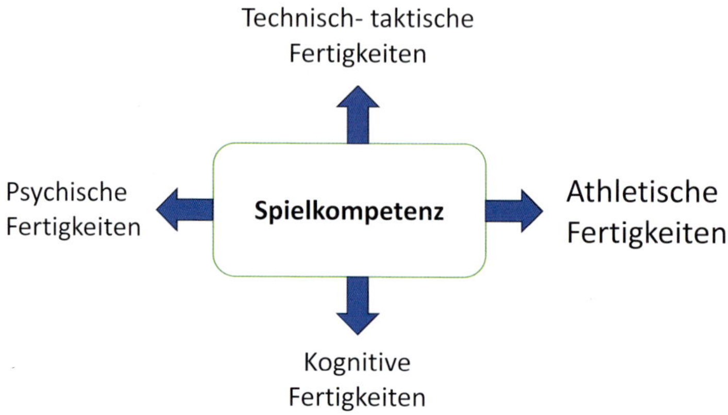


*Abbildung 10: Bausteine der Spielkompetenz (eigene Darstellung)*

Die einzelnen Bausteine der Spielkompetenz stehen in einer Abhängigkeit. Beispielsweise ist eine einseitige Dosierung von Trainingsreizen zur Entwicklung von athletischen Fertigkeiten wenig nützlich, wenn der Spieler Defizite im Spielverständnis hat und seine guten physischen Voraussetzungen somit nicht ausspielen kann.

Nur eine ganzheitliche und ausbalancierte Trainingsdidaktik gewährleistet, dass Spieler das volle Potenzial ihrer biologischen Anlagen ausschöpfen können.

In Abbildung 11 werden die Bestandteile der unverhandelbaren Kompetenz in Rot dargestellt. Das Beherrschen dieser einzelnen technisch-taktischen Fertigkeiten ist die Grundlage, um auf den jeweiligen Positionen im Leistungsfußball Anspruch auf Spielzeiten zu haben. Die darüber hinaus ebenfalls wichtigen in Schwarz gedruckten Fertigkeiten komplettieren das Profil des Spielers und erhöhen seine Attraktivität für eine Mannschaft. In Anlehnung an die Theorien zur Entscheidungsfindung (siehe 3.4.4) soll hier noch mal darauf verwiesen werden, dass ohne das notwendige technisch-taktische Rüstzeug gewisse Spielsituationen nicht gelöst werden können.

*Ich habe mal einen Spieler trainiert, der über eine außergewöhnliche Spielintelligenz verfügt. Nach einer längeren Verletzungspause waren seine Leistungen nicht zufriedenstellend. In einem gemeinsamen Gespräch sagte er mir, dass er nach wie vor gute und kreative Lösungen im Kopf hat, sie allerdings nicht umsetzen könne. Nach der Verletzung habe ihm die dafür notwendige Technik gefehlt. Er konnte schlecht zwischen den Linien aufdrehen und hatte zu viele Fehler beim ersten Kontakt. Im Nachgang hätte der Spieler wieder vermehrt Trainingsreize gebraucht, um diese technisch-taktischen Fertigkeiten, aber auch seine Selbstwirksamkeitserwartung diesbezüglich (siehe 3.5.1) zu stärken, damit er seine hohe Spielintelligenz überhaupt ausspielen kann.*

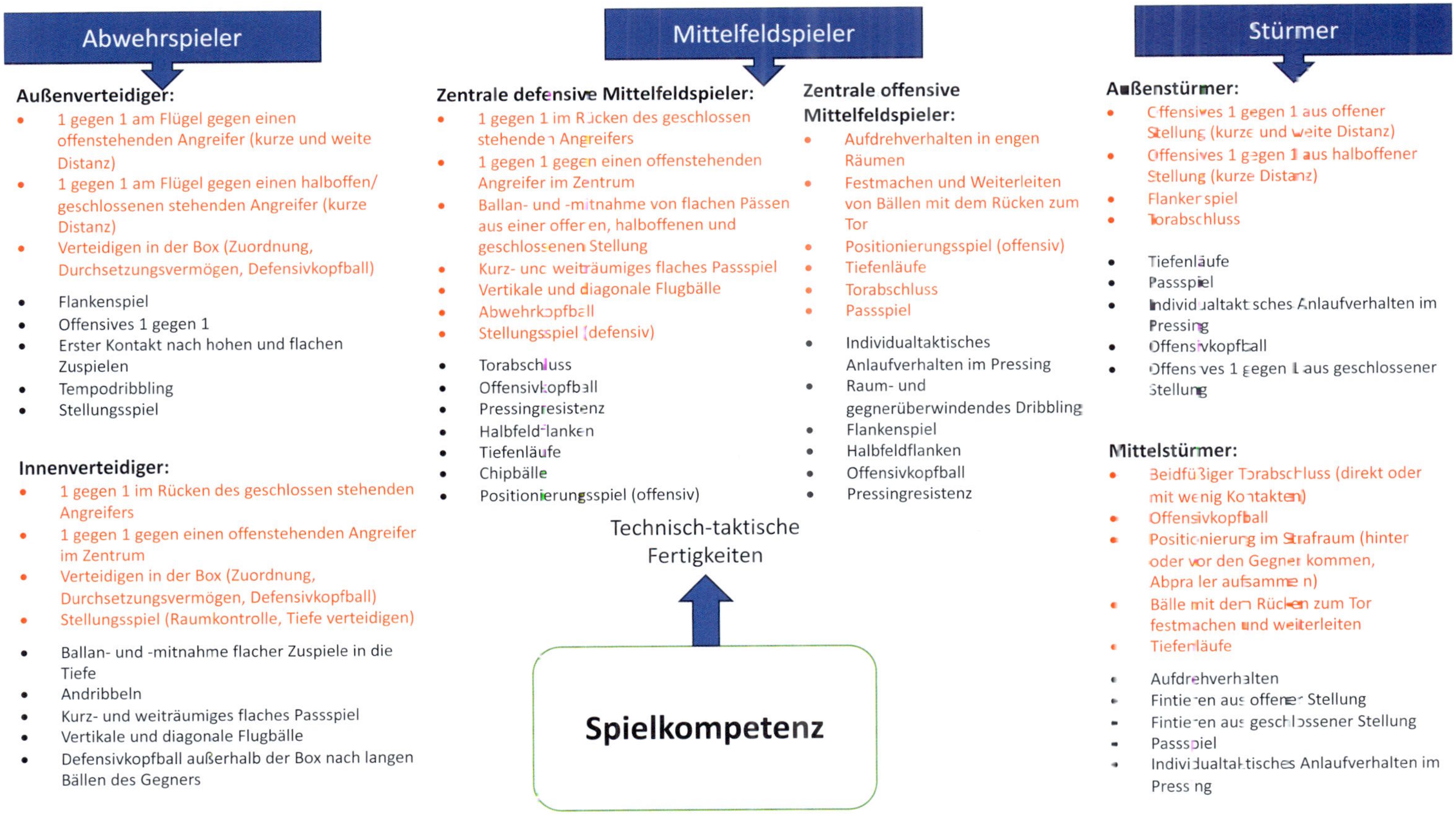


*Abbildung 11: Technisch-taktische Fertigkeiten (eigene Darstellung)*

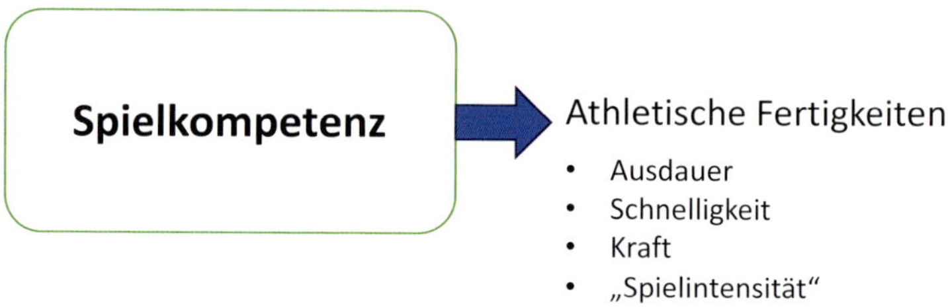


*Abbildung 12: Athletische Fertigkeiten (eigene Darstellung)*

In der beispielhaften zyklischen Planung werden die athletischen Fertigkeiten aus den genannten Gründen (siehe 3.3) nicht berücksichtigt. Sie sollen aus Gründen der Vollständigkeit hier aber aufgeführt werden.

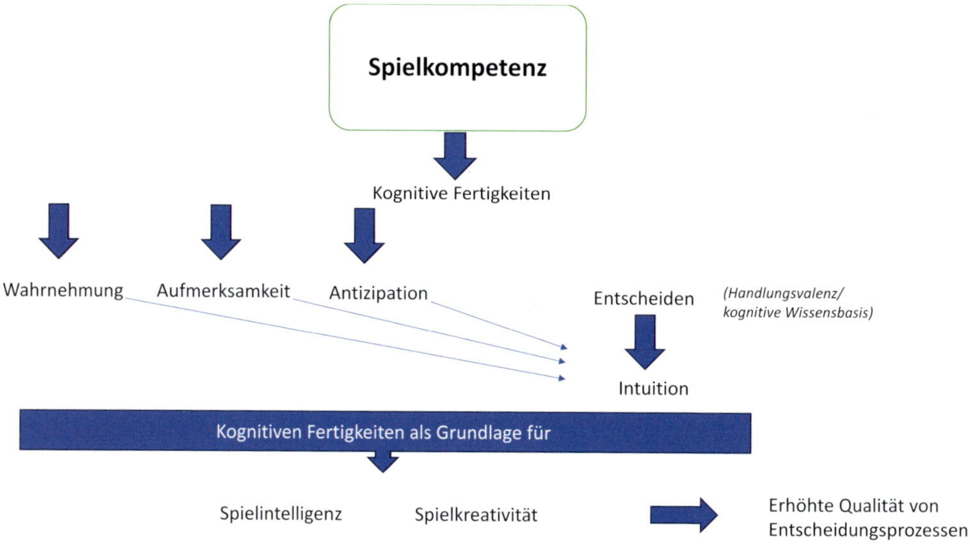


*Abbildung 13: Kognitive Fertigkeiten (eigene Darstellung)*

Die kognitiven Fertigkeiten werden als ein zentraler Bestandteil der Spielkompetenz betrachtet. Ihre Verbesserung sollte im Mittelpunkt möglichst vieler Trainingseinheiten stehen. Das Resultat qualitativ hochwertiger Entscheidungsprozesse wird sich zweifelsfrei auf dem Platz bemerkbar machen. Durch ein entsprechendes Training über einen längeren Zeitraum lassen sich die kognitiven Fertigkeiten sowie die Handlungsvalenz und kognitive Wissensbasis der Spieler nachhaltig verbessern.

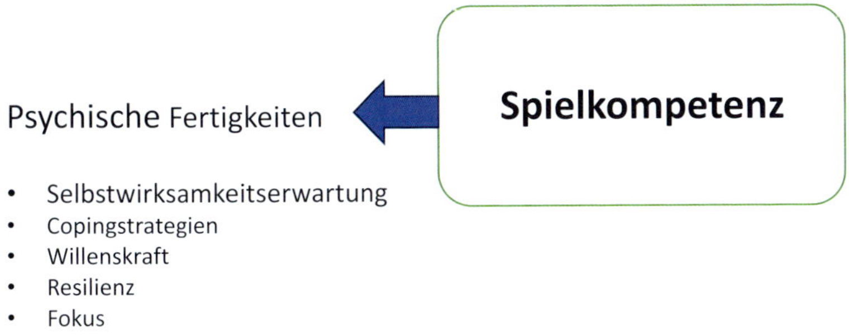


*Abbildung 14: Psychische Fertigkeiten (eigene Darstellung)*

Auch wenn der Einfluss des Trainers auf die psychischen Fertigkeiten vermutlich geringer ist als der auf die anderen Fertigkeiten, sollte er ihre Entwicklung auf und neben dem Platz anstreben und sie nicht dem Zufall überlassen.

Durch gezielte Ansprachen an die Mannschaft, angeleitete Reflexionsprozesse, emotionale Vier-Augen-Gespräche oder durch Provokationsregeln im Training (siehe 7.6) wurden Methoden vorgestellt, die der Trainer nutzen kann, um eine Stärkung von psychischen Fertigkeiten zu erreichen.

| „Monat"/ Erklärung | 1 | 2 | 3 |
|---|---|---|---|
| Trainingswoche<br><br>Schwerpunkte mannschaftliche Betrachtungsweise<br><br>Schwerpunkte individuelle Betrachtungsweise<br><br>Erwartete Gegnerstärke<br>Kategorie 1<br>Kategorie 2<br>Kategorie 3 | 1. Trainingswoche:<br>• Grundlagen Spielaufbau gegen ein Mittelfeldpressing<br>• Grundlagen Umschalten nach Ballverlust aus dem Spielaufbau<br>• Offensive Positionstechniken (Innen- und Außenverteidiger)<br>Heimspiel | 1. Trainingswoche:<br>• Verbesserung des Spielaufbaus über den Flügel gegen ein Abwehrpressing<br>• Umschalten nach Ballverlust: Schwerpunkt Gegenpressing<br>• Verbesserung der Spielkompetenz im Ausspielen einfacher Überzahlsituationen am Flügel<br>• Flankenspiel (Außenspieler)<br>• Verwerten von Flanken (Stürmer)<br>Heimspiel | 1. Trainingswoche:<br>• Verbesserung des Mittelfeldpressings aus dem 5-3-2<br>• Verbesserung des Zusammenspiels zwischen Abwehr- und Mittelfeldkette<br>• Umschalten nach Ballgewinn Schwerpunkt: Schnelles Spiel in die Tiefe<br>• Verbesserung des positionsspezifischen defensiven 1 gegen 1 (zentrale Mittelfeldspieler, Abwehrkette)<br>• Verbesserung der Spielkompetenz im Ausspielen einfacher Überzahlsituationen (Angreifer und offensive Mittelfeldspieler)<br>Heimspiel |
| | 2. Trainingswoche:<br>• Verbesserung des Abwehrpressings aus dem 4-4-2 flach<br>• Umschalten nach Ballgewinn aus einer tiefen Position<br>• Verteidigen in der Box (Innen- und Außenverteidiger)<br>• Bälle mit dem Rücken zum Tor festmachen und weiterleiten (Stürmer und offensive Mittelfeldspieler)<br>• Defensives Zweikampfverhalten<br>Auswärtsspiel | 2. Trainingswoche:<br>• Verbesserung des Mittelfeldpressings aus dem 4-4-2 flach<br>• Training der Viererkette im Detail (Spiel mit der Höhe, Verteidigen am Flügel)<br>• Spielverlagerungen zum Auflösen verdichteter Spielsituationen<br>• Diagonale Flugbälle (zentrale Mittelfeldspieler, Innenverteidiger)<br>• Verbesserung des Stellungspiels (Innenverteidiger)<br>Auswärtsspiel | 2. Trainingswoche:<br>• Spielverlagerungen zur Vorbereitung des dynamischen Flügelspiels<br>• Verbesserung des Spielaufbaus über den Flügel gegen ein Angriffspressing<br>• Offensive Positionstechniken Außenspieler (erster Kontakt, 1 gegen 1, Flankenspiel)<br>Auswärtsspiel |

| „Monat"/ Erklärung | 1 | 2 | 3 |
|---|---|---|---|
| Trainingswoche<br><br>Schwerpunkte mannschaftliche Betrachtungsweise<br><br>Schwerpunkte individuelle Betrachtungsweise | 3. Trainingswoche:<br>• Spieleröffnung flache Lösungen<br>• Spielaufbau gegen ein Mittelfeldpressing durch das Zentrum<br>• Offensive Positionstechniken (zentrale Mittelfeldspieler)<br>Heimspiel | 3. Trainingswoche:<br>• Spieleröffnung weiträumige Lösungen<br>• Verbesserung des Spielaufbaus durchs Zentrum<br>• Festmachen von hohen Bällen unter Druck (zentrale Stürmer)<br>• Individualtaktisches Freilaufverhalten + Vororientierung (zentrale Mittelfeldspieler)<br>Heimspiel | 3. Trainingswoche:<br>• Verbesserung der Abschlussphase nach Zentrumsspiel<br>• Grundlagen Umschalten nach Ballverlust in der Abschlussphase<br>• Offensives 1 gegen 1 aus einer offenen und geschlossenen Stellung (Stürmer)<br>• Verteidigen von Flanken (Außen- und Innenverteidiger)<br>Heimspiel |
| Erwartete Gegnerstärke<br>Kategorie 1<br>Kategorie 2<br>Kategorie 3 | 4. Trainingswoche<br>• Verbesserung des Angriffspressings<br>• Zustellen der gegnerischen Spieleröffnung<br>• Verbesserung der Abschlussphase nach Zentrumsspiel<br>• Tiefenläufe, erster Kontakt und Abschlüsse (Stürmer, offensive Mittelfeldspieler)<br>Auswärtsspiel | 4. Trainingswoche:<br>• Verbesserung des Umschaltens nach Ballverlust: Schwerpunkt „Fallen lassen"<br>• Verteidigen in Unterzahl (Innen- und Außenverteidiger)<br>Auswärtsspiel | 4. Trainingswoche:<br>• Verbesserung des Angriffspressings aus dem 5-3-2<br>• Verwerten von Abschlüssen in der Box (Stürmer, offensive MFS)<br>Auswärtsspiel |

Rot = Kategorie 1 ➤ Eine Mannschaft aus dem oberen Drittel wird erwartet.
Gelb = Kategorie 2 ➤ Eine Mannschaft aus dem mittleren Drittel wird erwartet.
Grün = Kategorie 3 ➤ Eine Mannschaft aus dem unteren Drittel wird erwartet.

## 8.2 MIKROZYKLUS

Nachdem wir uns mittels eines Mesozyklus einen grundsätzlichen Überblick über die kommenden zwölf Wochen verschafft haben, geht es nun darum, die einzelnen Mikrozyklen mit detaillierten Informationen zu versehen. Der Mikrozyklus umfasst das Trainingsprogramm einer Trainingswoche. In der dargestellten Planung setzt sich der beschriebene Mesozyklus also aus zwölf Trainingswochen zusammen.

In dieser praktischen Trainingsplanung werden vier Mikrozyklen aus dem ersten „Monat"[01] skizziert.

Als Trainer orientiere ich mich idealerweise an meiner im Mesozyklus verankerten Strategie. Anhand der dort festgelegten Schwerpunkte (siehe 8.1.1 & 8.1.2) lege ich die Trainingsinhalte und Trainingsziele für die einzelnen Tage in der Trainingswoche fest. Wie erwähnt, werden hier sportwissenschaftliche Überlegungen klein gehalten.

Die Trainingsziele zur Verbesserung der mannschaftlichen Verhaltensweisen sollten sich an der niedergeschriebenen Spielidee (siehe 5.2 & 5.3) orientieren. Zur gezielten Entwicklung der individuellen Spielkompetenz sollte es das Ziel des Trainings sein, die hierfür nötigen Fertigkeiten (siehe Kapitel 3) möglichst effizient anzusprechen.

Wichtig ist an dieser Stelle zu verstehen, dass dies lediglich Beispiele zur Demonstration methodischer und didaktischer Überlegungen in der Trainingskonzeption sind. Eine gute nachhaltige Planung passt sich den Eigenarten des Altersbereichs, der Spielklasse und der eigenen Spielidee an!

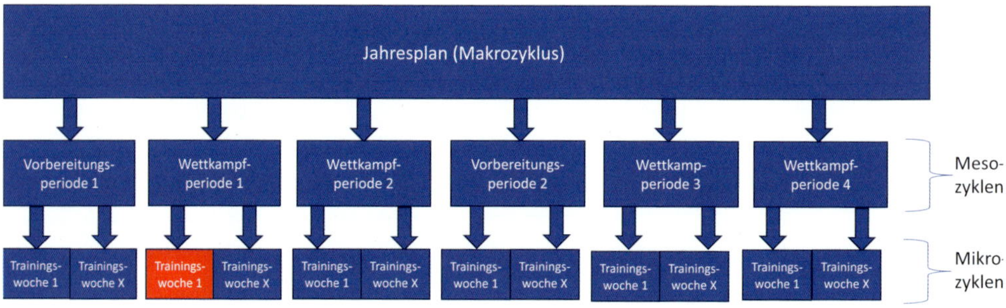


*Abbildung 15: Mikrozyklus (eigene Darstellung)*

01 *Streng genommen handelt es sich um keinen vollständigen Monat. Es könnte auch von einem ersten Block des Mesozyklus gesprochen werden. Eine weitere Unterteilung könnte jedoch unnötig verwirrend sein.*

| Mikrozyklus/ Erklärung | Woche 1 | Woche 2 | Woche 3 | Woche 4 |
|---|---|---|---|---|
| Termin | Montag: Training | Montag: Training | Montag: Training | Montag: Training |
| Trainingsinhalte | • Grundlagen des Positionsspiels<br>• Spielaufbau im 4-4-2 Raute gegen ein Mittelfeldpressing im 4-4-2 flach<br>• Verwerten von hohen Flanken | • Grundlagen des Defensivspiels<br>• Abwehrpressing im 4-4-2 | • Grundlagen des Positionsspiels<br>• Flache Spieleröffnung unter Druck aus dem 4-4-2 Raute<br>• Spezifische technisch-taktische Fertigkeiten der zentralen Mittelfeldspieler im Spielaufbau | • Grundlagen des Defensivspiels<br>• Situatives Angriffspressing aus dem 4-4-2 flach gegen einen Dreieraufbau<br>• Ein nach innen gelenktes Zustellen der gegnerischen Spieleröffnung |
| Trainingsziele | • Verbesserung von kognitiven Fertigkeiten<br>• Verbesserung der kognitiven Wissensbasis/ Handlungsvalenz im Spielaufbau<br>• Verbesserung der Raumaufteilung durch Tiefe, Breite und Zwischenlinienraum im Spielaufbau<br>• Verbesserung des Kopfballspiels nach Flanken von der Grundlinie und nach Halbfeldflanken | • Verbesserung der kollektiven Abläufe des Abwehrpressings<br>• Sicherung des Zentrums und der Tiefe<br>• Kompaktheit durch enge Abstände | • Finden von diagonalen flachen Lösungen im Aufbau<br>• Entwicklung aufeinander abgestimmter flacher Lösungen in der Spieleröffnung unter Druck<br>• Verbesserung des Aufdrehverhaltens von zentralen Mittelfeldspielern aus einer halb offenen Stellung nach Zuspiel vom Flügel | • Intensive Gegnerorientierung in Ballnähe, ballfern im Raum verteidigen<br>• Verbesserung der kollektiven Abläufe des Angriffspressings + Zustellen<br>• Identifikation von Pressingauslösern |
| Termin | Dienstag: Training | Dienstag: Training | Dienstag: Training | Dienstag: Training |
| Trainingsinhalte | • Spielnahe Basisaktionen im Fußball<br>• Überzahl-/ Unterzahlspiele auf Großtore | • Spielnahe Basisaktionen im Fußball<br>• Verteidigen am Flügel und im Strafraum | • Spielnahe Basisaktionen im Fußball<br>• Gruppentaktik: Verteidigen von Spielsituationen im 2 gegen 2 im Zentrum und am Flügel | • Spielnahe Basisaktionen im Fußball<br>• Dynamische und verdichtete Situationen im Spiel |

| Mikrozyklus/ Erklärung | Woche 1 | Woche 2 | Woche 3 | Woche 4 |
|---|---|---|---|---|
| Trainingsziele | • Schulung von relevanten (positionsspezifischen) Spielsituationen<br>• Schaffung von physischen Voraussetzungen eines intensiven Spielstils<br>• Förderung des Fokus und der Resilienz | • Schulung von relevanten (positionsspezifischen) Spielsituationen<br>• Schaffung von physischen Voraussetzungen eines intensiven Spielstils<br>• Verbesserung des defensiven 1 gegen 1 gegen einen offen stehenden Angreifer aus kurzer Distanz<br>• Verbesserung des Defensivverhaltens bei gegnerischen Flanken | • Schulung von relevanten (positionsspezifischen) Spielsituationen<br>• Schaffung von physischen Voraussetzungen eines intensiven Spielstils<br>• Schulung von Basics im gruppentaktischen Defensivspiel | • Schulung von relevanten (positionsspezifischen) Spielsituationen<br>• Schaffung von physischen Voraussetzungen eines intensiven Spielstils<br>• Dynamische von verdichteten Situationen unterscheiden und bespielen<br>• Förderung der Spielkreativität |
| Termin | Mittwoch: frei | Mittwoch: frei | Mittwoch: frei | Mittwoch: frei |
| Trainingsinhalte | Donnerstag: Training<br>• Verhalten nach Ballverlust in hohen Zonen aus dem Spielaufbau heraus<br>• Offensive Positionstechniken der Viererkette<br>• Verbesserung der kollektiven Entscheidungsfindung nach Ballverlust | Donnerstag: Training<br>• Ausspielen von 3v2- Situationen<br>• Umschalten nach Ballgewinn aus dem Abwehrpressing<br>• Bälle mit dem Rücken zum Tor festmachen und weiterleiten | Donnerstag: Training<br>• Das Spiel über den Dritten im Spielaufbau durch das Zentrum<br>• Den offenen Spieler durch das Spiel über den Dritten finden<br>• Geschlossenen Spielern eine diagonale Klatschoption bieten | Donnerstag: Training<br>• Abschlussphase nach Zentrumsspiel<br>• Tiefenläufe aus dem Zentrum und Halbfeld der Stürmer und offensiven Mittefeldspieler<br>• Verbesserung der Spielfähigkeit im letzten Drittel<br>• Dynamik durch Tiefenläufe auslösen |

| Mikrozyklus/ Erklärung | Woche 1 | Woche 2 | Woche 3 | Woche 4 |
|---|---|---|---|---|
| Trainingsziele | • Anspielbar sein, binden oder Restverteidigung aufbauen<br>• Schulung der technisch-taktischen Fertigkeiten von Innen- und Außenverteidigern | • Dynamik auslösen<br>• In den Rücken der Abwehr kommen<br>• Verbesserung des Offensivspiels der Stürmer und offensiven Mittelfeldspieler mit dem Rücken zum Tor | | |
| Termin | **Freitag: Abschlusstraining** | **Freitag: Abschlusstraining** | **Freitag: Abschlusstraining** | **Freitag: Abschlusstraining** |
| Trainingsinhalte | • Grundlagen des Positionsspiels<br>• Torabschlüsse nach 2v1-Situationen<br>• Torabschlüsse aus verschiedenen Winkeln mit seitlichem Gegendruck und nach Schussfinte | • Grundlagen des Positionsspiels<br>• Ausspielen von verschiedenen Überzahlsituationen unter Zeitdruck aus wechselnden Grundpositionen<br>• Torabschlüsse aus dem Zentrum und nach Flanken | • Ausspielen von Überzahlsituationen in zwei Ebenen mit anschließendem Torabschluss<br>• Spielaufbau im 4-4-2 Raute gegen ein Mittelfeldpressing im 4-3-3 | • Grundlagen des Positionsspiels<br>• Abschlusswettbewerb |
| Trainingsziele | • Tempo und Variabilität durch eine offene Stellung<br>• Sicheres Ausspielen von 2v1-Situationen<br>• Verbesserung von Abschlussqualitäten | • Verbesserung von kognitiven Fertigkeiten<br>• Stabilisierung der Fertigkeit, einfache Überzahlsituationen zu lösen<br>• Verbesserung von Abschlussqualitäten nach Zentrums- und Flankenspiel | • Verbesserung des Ausspielens von Überzahlsituationen über zwei Ebenen<br>• Verbesserung von Abschlussqualitäten unter Druck<br>• Durch das Spiel über den Dritten sowie durch diagonale Lösungen Spieler in eine offene Stellung im Zentrum bringen | • Verbesserung von kognitiven Fertigkeiten<br>• Tempo und Variabilität durch eine offene Stellung<br>• Verbesserung der Abschlussqualitäten<br>• Förderung einer Gewinnermentalität<br>• Spaß |
| Termin | **Samstag: 1. Ligaspiel** | **Samstag: 2. Ligaspiel** | **Samstag: 3. Ligaspiel** | **Samstag: 4. Ligaspiel** |
| | **Sonntag: frei** | **Sonntag: frei** | **Sonntag: frei** | **Sonntag: frei** |

## 8.3 DIE EINZELNE TRAININGSEINHEIT

Didaktische Überlegungen haben zuvor geholfen, die richtigen Trainingsinhalte auszuwählen. Die in den jeweiligen Mikrozyklen festgelegten Trainingsziele sollen nun mittels einer durchdachten Trainingseinheit erreicht werden. Jedes Training steht vor dem Hintergrund einer Entwicklung der Spieler und der Mannschaft. Hierfür stehen in Zeiten des Internets den Trainern eine Vielzahl von Trainingsformen barrierefrei zur Verfügung. Mit Blick auf ein effizientes Training, schließlich möchten wir Trainer die begrenzte Ressource Training bestmöglich nutzen, sollte folgendes beachtet werden: Die potenziellen Trainingsformen haben im Detail eine unterschiedliche Trainingswirkung auf die Spieler und Mannschaft. Somit sollten sie hierauf zur Erreichung der angestrebten Trainingsziele geprüft werden.

Zur Konkretisierung des Trainings hilft nun das im siebten Kapitel vorgestellte methodische Handwerkszeug. Das Auslösen eines Entwicklungsprozesses auf individueller und mannschaftlicher Ebene kann durch implizites und explizites Lernen angestoßen werden. Demnach sollten auch beide Lernvorgänge genutzt werden. Es ist schwierig, das Coaching (explizites Lernen) in einem Buch abzubilden. Vielmehr geht es an dieser Stelle vorrangig darum, durch die Auswahl und Modifikation der Trainingsformen Einfluss auf den impliziten Lerncharakter der Trainingseinheit zu nehmen. Die Trainingsformen werden mit einem methodisch-didaktischen Kommentar versehen, der Bezug zu den vorherigen theoretischen Ausführungen nimmt.

Ich habe in meiner damaligen A-Lizenzausbildung mehrfach den Hinweis erhalten, dass die Trainingsqualität vom Coaching abhängig sei. Dem kann ich nur zustimmen. Eine gut ausgearbeitete Trainingseinheit ist auf einem gewissen Niveau noch lange keine gute Einheit auf dem Platz, sofern der Trainer nicht in der Lage ist, an den richtigen Stellen wichtige Erklärungen zu liefern[02]. Bei der Aussage habe ich jedoch ein wenig die Befürchtung, dass die konzeptionelle Ausarbeitung des Trainings zu sehr in den Hintergrund rücken könnte. Selbst wenn ein Trainer über eine hervorragende Coachingkompetenz verfügt, kann eine schlechte Auswahl und Steuerung des Trainings einem Weiterentwicklungsprozess der Spieler und der Mannschaft im Weg stehen.

An dieser Stelle passt die Aussage von Arsène Wenger auf dem ITK 2022 in Dortmund. Er vertritt den Standpunkt, dass Kinder im Alter zwischen fünf und zwölf Jahren lieber keinen als einen schlechten Trainer haben sollten. So bestünde immerhin die Möglichkeit, frei zu spielen.

Wenger weiß, dass es im freien Spiel ohne Trainer kein Coaching von außen gibt. Aufgrund des hohen impliziten Lerncharakters des freien Spielens kann das Fehlen eines Trainers in dem Altersbereich jedoch teilweise kompensiert werden. Problematischer sind Trainer, die zwar von außen Hinweise geben, jedoch ein Training anbieten, das zu wenig Bezug zum Fußball hat.

Für mich trennt sich an dieser Stelle die Spreu vom Weizen. Richtig gute Trainer sind in einer Trainingsform hervorragend im Coaching. Sie zeichnen sich aber auch durch eine gut durchdachte Trainingskonzeption aus.

---

*02 In diesem Zusammenhang ist es wichtig zu betonen, dass die Aussage in Relation zum Niveau der Mannschaft und der Altersklasse zu verstehen ist. Es gibt großartige Trainingsformen, die auch ohne ein Coaching eine Weiterentwicklung der Spieler ermöglichen.*

Die nachfolgenden Trainingseinheiten leiten sich aus dem ersten skizzierten Mikrozyklus ab. Im Training wird immer mit 20 Spielern geplant.

Der grundsätzliche Aufbau einer Trainingseinheit besteht aus:

**1) Allgemeines Aufwärmen**

In dieser Phase des Trainings geht es darum, durch gezielte Übungen das Herz-Kreislauf-System und die Muskulatur auf den Wettkampf vorzubereiten. Typische Elemente in dieser Phase sind einfache sowie spezifische Laufübungen. Integriert werden oftmals Movement Preps, koordinative Aufgaben oder beispielsweise leichte technische Übungen mit dem Ball. Die allgemeine Aktivierung dient grundsätzlich der Verletzungsprävention und der mentalen Einstimmung auf das Training. In den hier vorgestellten Trainingseinheiten wird davon ausgegangen, dass diese Phase abgeschlossen wurde, sodass direkt mit einem fußballspezifischen Training begonnen werden kann.

**2) Spezifisches Aufwärmen**

Im Rahmen des spezifischen Aufwärmens sollte die Intensität gesteigert werden. Es gibt einen deutlicheren Bezug zum Fußballtraining als beim allgemeinen Aufwärmen. In der Regel finden hier kleinere Spielformen oder isolierte Übungsformen statt. Es ist kein Muss, aber es kann hier auch geschickt auf den ersten Hauptteil hingearbeitet werden.

**3) Hauptteil 1**

In den Hauptteilen des Trainings sollten Trainingsformen im Vordergrund stehen, die einen hohen Bezug zum Fußball haben. Das bedeutet, dass zeitgleich Anforderungen an die Technik, Kognitionen, Athletik und Psyche gestellt werden. Durch die Setzung von technisch-taktischen Schwerpunkten in den Hauptteilen sollen die Formen darauf abzielen, den einzelnen Spieler oder die Mannschaft zu verbessern.

**4) Hauptteil 2**

In den Hauptteilen des Trainings sollten Trainingsformen im Vordergrund stehen, die einen hohen Bezug zum Fußball haben. Das bedeutet, dass zeitgleich Anforderungen an die Technik, Kognitionen, Athletik und Psyche gestellt werden. Durch die Setzung von technisch-taktischen Schwerpunkten in den Hauptteilen sollen die Formen darauf abzielen, den einzelnen Spieler oder die Mannschaft zu verbessern.

**5) Abschluss**

Für die Abschlussphase gibt es kein Patentrezept. Vielmehr sollten die Trainer über das notwendige Fingerspitzengefühl verfügen, um zu entscheiden, was die Mannschaft hier benötigt. Zudem sollten sie Abwechslung in diese Phase bringen. Es gibt Tage, an denen es unerlässlich ist, die im Hauptteil erarbeiteten Schwerpunkte in den Trainingsabschluss zu integrieren. Auf der anderen Seite ist es für die grundsätzliche Stimmung wichtig, regelmäßig freie Spielanteile im Training zu haben. Jeder, der selbst einmal gespielt hat, weiß, dass dies nicht selten die Phase des Trainings ist, auf die man sich am meisten freut.

## ERSTER MIKROZYKLUS; TRAININGSTAG: MONTAG

| Trainingsinhalte: | Trainingsziele: |
|---|---|
| Grundlagen des Positionsspiels<br>Spielaufbau im 4-4-2 Raute gegen ein Mittelfeldpressing im 4-4-2 flach<br>Verwerten von hohen Flanken | Verbesserung von kognitiven Fertigkeiten<br>Verbesserung der kognitiven Wissensbasis/Handlungsvalenz im Spielaufbau<br>Verbesserung der Raumaufteilung durch Tiefe, Breite und Zwischenlinienraum im Spielaufbau<br>Verbesserung des Kopfballspiels nach Flanken von der Grundlinie und nach Halbfeldflanken |

### 1) SPEZIFISCHES AUFWÄRMEN:

In die Erwärmungsform werden zwei Rondos integriert. Dabei sind die beiden zentralen Spieler beiden Rondos zugeordnet, sodass ein 3 gegen 1 + 2 gespielt wird. Die Bälle bleiben fest in ihrem jeweiligen Rondo. Die zentralen Spieler werden nach einer bestimmten Zeit gewechselt. Die äußeren Spieler tauschen mit dem zentralen Defensivspieler nach einem Fehlpass.

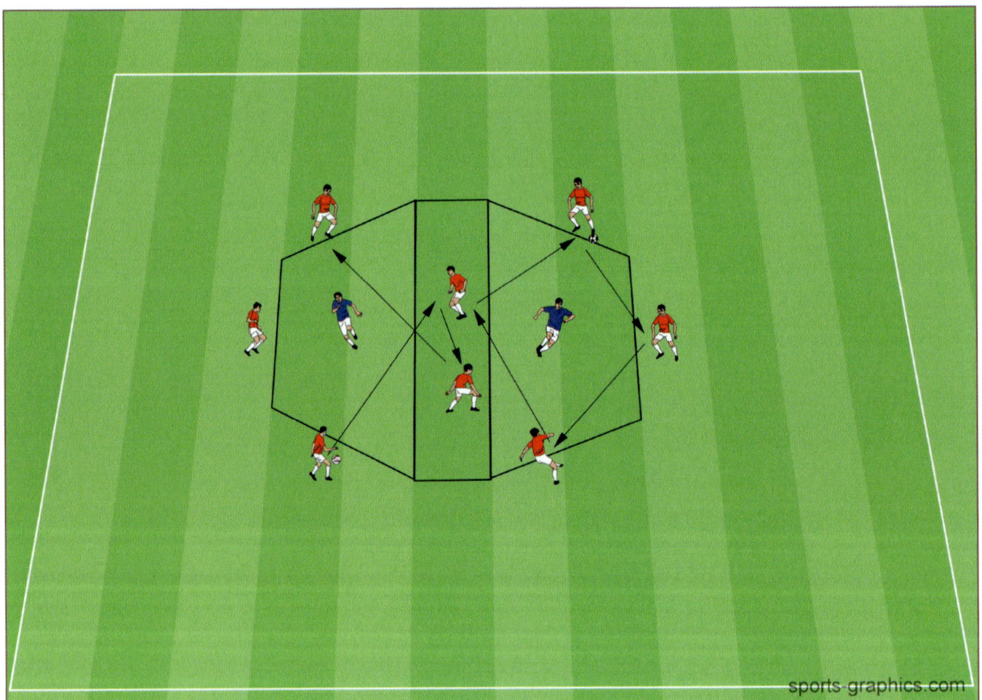


*Abbildung 16: Integriertes Rondo (eigene Darstellung)*

**Methodisch-didaktischer Kommentar:**

» hohe Anforderungen an die geteilte Aufmerksamkeit
» zentrale Mittelfeldspieler für die zentralen Position im Rondo bestimmen (Individualisierung)

## 2) HAUPTTEIL 1:

Es werden drei Teams mit jeweils fünf Spielern gebildet und insgesamt drei Spielrunden gespielt. Jede Mannschaft bildet einmal das neutrale Team und spielt zwei Runden im Feld. Nach zwölf Pässen untereinander sowie durch drei Pässe von Anspieler zu Anspieler sind die Minitore frei, sodass hier ein Punkt erzielt werden kann. Die mittlere Zone darf nur durch einen Spieler aus der ballbesitzenden Mannschaft besetzt werden. Mit dem gespielten Ball darf ein Verteidiger stören und ein Aufdrehen verhindern. Die Spieler im Feld können mit dem neutralen Spieler (gelb) im Feld und den zwei diagonal versetzten Spielern außerhalb des Feldes spielen (es wird festgelegt, welche Mannschaft mit welchen zwei neutralen Spielern außerhalb des Feldes spielt). Nach Ballverlust wechselt der Ballbesitz und der neutrale Spieler im Feld spielt mit der Mannschaft, die den Ball gewonnen hat.

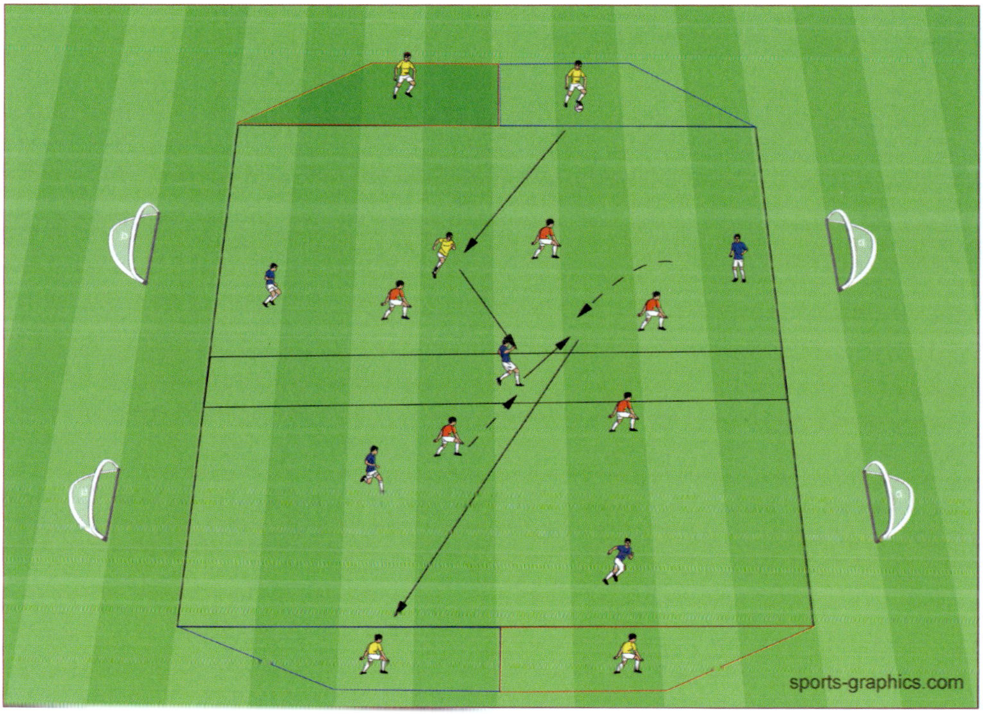


*Abbildung 17: Spielaufbaurondo Zwischenlinienraum (eigene Darstellung)*

**Methodisch-didaktischer Kommentar:**

- Durch die Besetzung der Tiefe, der Breite und des Zwischenlinienraums soll eine Raumaufteilung hergestellt werden, die eine zielgerichtete Ballzirkulation begünstigt (Wiedererkennungswert der offensiven Spielidee).
- Erleichterung des Spiels im Zwischenlinienraum durch eine Zusatzzone und eine Provokationsregel (methodischer Werkzeugkoffer)
- Parallel zu dieser Trainingsform findet ein stürmerspezifisches Kopfballtraining statt (Individualisierung).

Ein Außenverteidiger dribbelt auf einen Dummy zu, führt eine Finte durch und schlägt eine hohe Flanke. Die Stürmer besetzen den ersten und zweiten Pfosten und versuchen einen Kopfballtreffer zu erzielen. In der zweiten Variante spielt der Trainer einen Rückpass, sodass der Außenverteidiger eine Halbfeldflanke schlägt. Hier sind Flanken mit dem rechten und linken Fuß möglich.

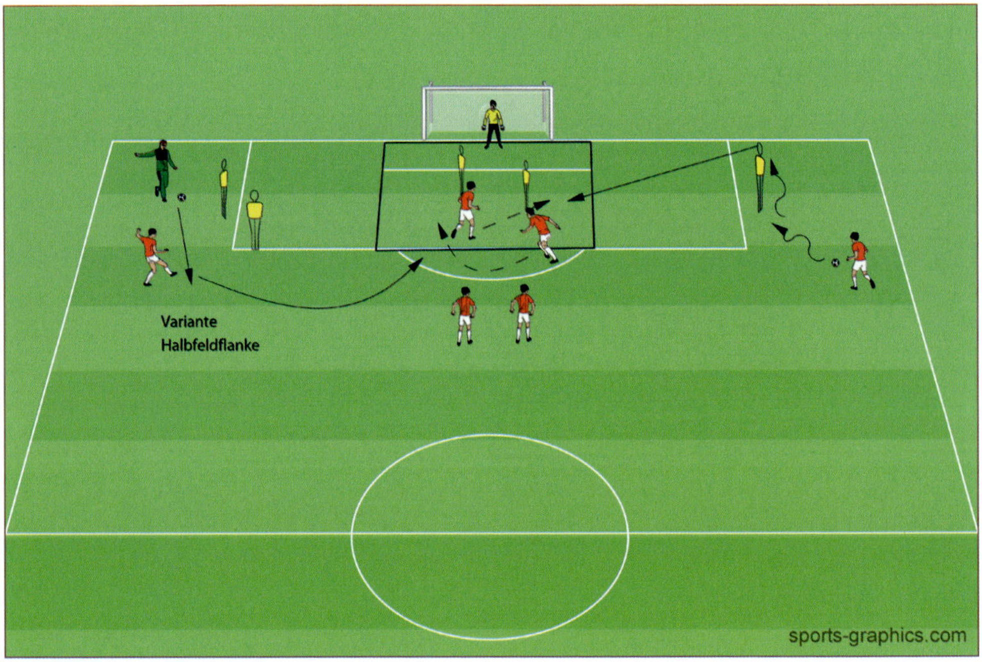


*Abbildung 18: Stürmerspezifisches Kopfballtraining (eigene Darstellung)*

**Methodisch-didaktischer Kommentar:**

- Der Offensivkopfball als wichtiger technisch-taktischer Bestandteil des Mittelstürmers ist in der anderen Trainingsform nicht gefragt. Die fehlende Ganzheitlichkeit dieser Form gegenüber dem anderen Hauptteil wird punktuell „in Kauf genommen", um den Offensivkopfball in Häufigkeit zu trainieren.

» Trainingsinhalt und Form werden zur Steigerung der individuellen Qualität der Stürmer festgelegt (individuelle Betrachtungsweise).

## 3) HAUPTTEIL 2:

Rot trifft im Spielaufbau auf eine Mannschaft, die im 4-4-2 flach ein nach außen gelenktes Mittelfeldpressing spielt. Die Stangen außerhalb des Feldes geben den Pressingkorridor und die Abseitslinie vor. In der ersten Phase der Trainingsform darf die defensive Mannschaft den Zwischenlinienraum erst nach Zuspiel in die Zone verteidigen. Nach einiger Zeit wird die Zusatzregel aufgelöst, sodass es ein freies Spiel gibt.

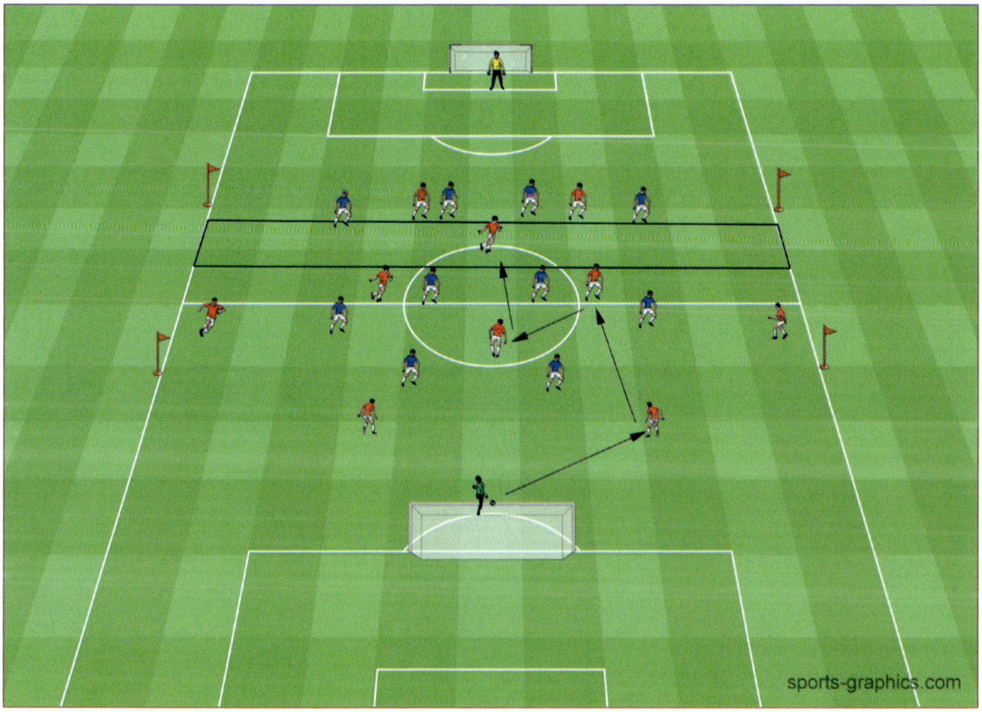


*Abbildung 19: Wettspielnahes Training zum Spielaufbau (eigene Darstellung)*

**Methodisch-didaktischer Kommentar:**

» Anhand eines trainerzentrierten Trainings soll die gemeinsame offensive Spielidee verbessert werden.

» Durch ein explizites Lernen (Coaching) werden die kognitive Wissensbasis und die Handlungsvalenz der Spieler im Spielaufbau verbessert (siehe Entscheiden).

» Ein taktikorientiertes Training ist nicht effizient zur Erhöhung der individuellen Spielkompetenz (zu geringe Aktionsdichte) aufgrund der Unterbrechung.

## 4) ABSCHLUSS:

Es werden drei Teams mit jeweils sechs Spielern gebildet. Zusätzlich gibt es zwei neutrale Spieler, die sich nach jedem Tor abwechseln. Im Feld wird somit ein 6 gegen 6 + 1 gespielt. Die pausierende Mannschaft absolviert zur aktiven Erholung technische Aufgaben am Spielfeldrand. Die Mannschaft, die ein Gegentor bekommt, wechselt mit dem pausierenden Team. Werden Tore nach Eröffnung des Torwarts aus dem durch Plättchen markierten Raum zwischen den Linien eingeleitet, zählen sie zweifach. Normale Tore zählen einfach. Die Stangen am Rand geben die versetzte Abseitslinie vor, sodass ein Zwischenlinienraum erzeugt wird.

Spielzeit: 2 x 12 Minuten

Sämtliche Punkte in den acht Minuten werden zusammengezählt. Die Verlierermannschaft erhält eine Strafaufgabe, um den Wettkampfcharakter und somit die Spielintensität hochzuhalten.

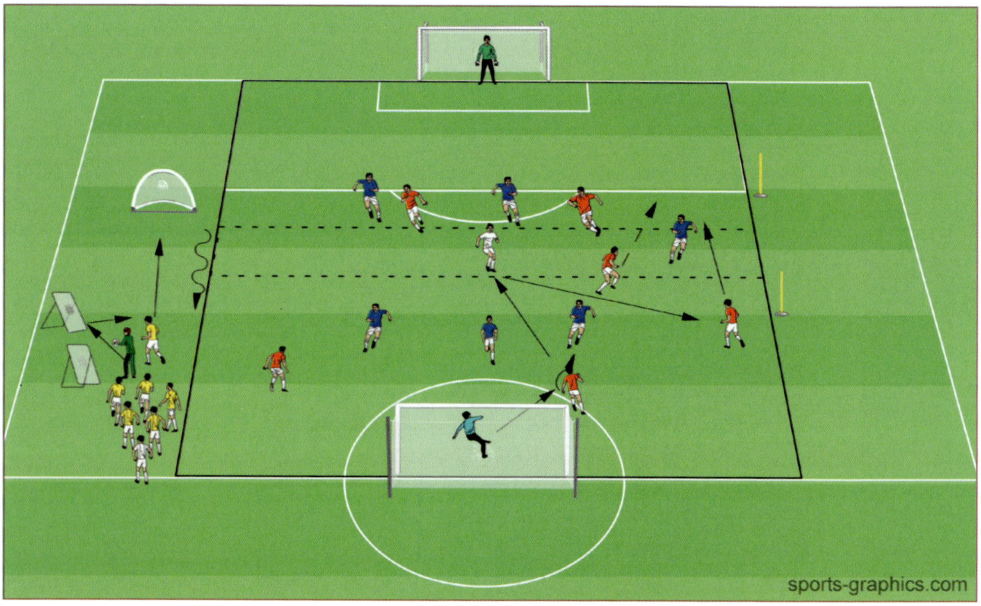


*Abbildung 20: Tschechenrolle mit Zwischenlinienraum (eigene Darstellung)*

**Methodisch-didaktischer Kommentar:**

» In der eigenen Spielidee geht es im Offensivspiel darum, möglichst viele einfache Überzahlsituationen herzustellen und erfolgsstabil auszuspielen. Aus diesem Grund wird ein neutraler Spieler hinzugenommen.

» Das mit Plättchen ausgelegte Feld soll es lukrativer machen, sich zwischen den Linien zu bewegen.

» Hohe ganzheitliche Schulung relevanter Fertigkeiten im Fußball,

» Spaß durch viele kleine Wettkämpfe.

## ERSTER MIKROZYKLUS; TRAININGSTAG: DIENSTAG

| Trainingsinhalte: | Trainingsziele: |
|---|---|
| Spielnahe Basisaktionen im Fußball<br>Überzahl-/Unterzahlspiele auf Großtore | Schulung von relevanten (positionsspezifischen) Spielsituationen<br>Schaffung von physischen Voraussetzungen eines intensiven Spielstils<br>Förderung des Fokus und der Resilienz |

### 1) SPEZIFISCHES AUFWÄRMEN:

Die Übungsform wird doppelt aufgebaut und mit jeweils zehn Spielern besetzt. Aus dem Aufbau heraus sind entsprechend der Abbildung zwei verschiedene Passfolgen mit unterschiedlichen technischen Anforderungen möglich. Zunächst wird über beide Seiten die Steil-Klatsch-Steil-Form durchgespielt. Nach einem Seitenwechsel, zur Schulung beider Füße, geht es in der zweiten Variante um die offene Stellung und das Aufdrehverhalten mit dem ersten Kontakt nach vorne.

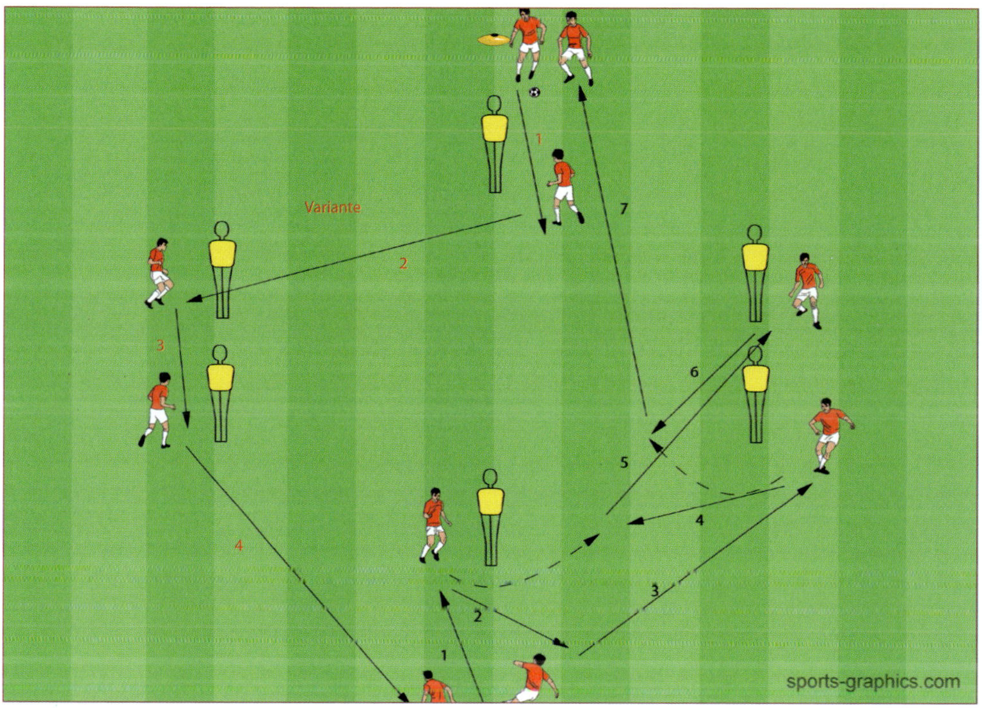


*Abbildung 21: Steil-Klatsch-Steil und offene Stellung im Passspiel (eigene Darstellung)*

**Methodisch-didaktischer Kommentar:**

» hohe Wiederholungszahl einer spezifischen Technik (Aufdrehen, Klatschbälle, erster Kontakt, kurz- und weiträumiges Passspiel)

» geringe Intensität durch ein isoliertes Training mit Blick auf die folgenden Trainingssequenzen (Trainingsabfolge)

## 2) HAUPTTEIL 1:

Ein großes Quadrat wird in vier kleinere Quadrate unterteilt. Innerhalb des großen Quadrats wird ein 4 gegen 4 + 2 auf sechs Dreieckstore gespielt. Nach drei Pässen innerhalb eines kleineren Quadrates besteht die Möglichkeit, mittels eines Passes durch eines der Dreieckstore einen Punkt zu erzielen. Gewinnt die Unterzahlmannschaft den Ball, darf sie auf eines der vier Minitore spielen, um sich das Angriffsrecht zu erspielen. Ansonsten wechselt es nach fünf Fehlern der Überzahlmannschaft.

Anhand verschiedener Regeln lassen sich neben der angestrebten Spielintensität auch der taktische Schwerpunkt und der Komplexitätsdruck der Spielform steuern.

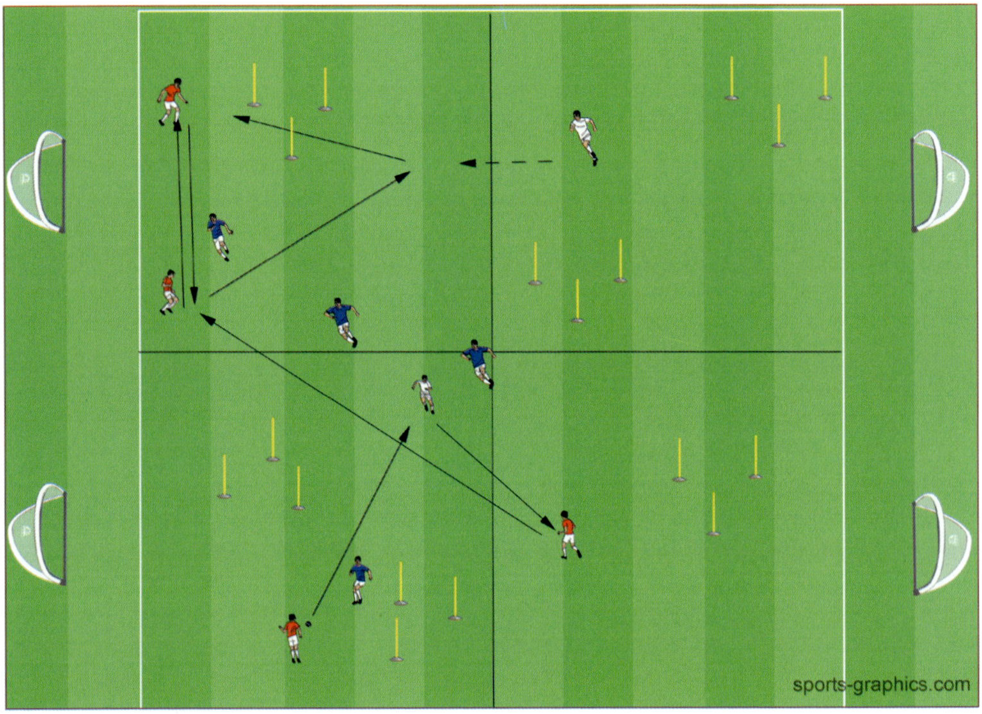


*Abbildung 22: Dreieckstorespiel zur Steigerung der Spielintensität (eigene Darstellung)*

**Methodisch-didaktischer Kommentar:**

» Aufgrund der vielen Tore und der Unterzahl erfordert das Defensivspiel eine hohe kollektive Intensität.

» Durch die vielen freien Tore werden hohe Anforderungen an die geteilte Aufmerksamkeit der offensiven Spieler gestellt.

» hoher, dem Niveau entsprechender Komplexitätsdruck

## 3) HAUPTTEIL 2:

In einem doppelten Sechzehner spielen zwei Mannschaften auf zwei Großtore gegeneinander. Die Spieler stellen sich an den farblich markierten Hütchen auf. In der ersten Spielrunde hat das blaue Team zunächst Angriffsrecht. Der Trainer ruft von außen eine der vier Farben auf. Der dort positionierte Spieler startet mit einem isolierten Torabschluss. Hiernach ruft der Trainer eine neue Farbe, sodass ein Spieler der roten Mannschaft in das 1 gegen 1 gegen den Spieler geht, der zuvor auf das Tor geschossen hat. In der Folge spielt die rote Mannschaft ein 2 gegen 1. Nun hat die blaue Mannschaft wieder zwei startende Aktionen. Zunächst im 2 gegen 2. Danach im 3 gegen 2. Die sechste (3 gegen 3) und siebte (3 gegen 4 aus Sicht von Blau) Aktion werden wieder vom roten Team eingeleitet. Abgerundet wird die Spielrunde mit einem 4 gegen 4, indem ein weiterer blauer Spieler aufgerufen wird. Nach der ersten Spielrunde wechselt das Angriffsrecht und Rot beginnt im 1 gegen 0. Darauf achten, dass die Belastung gleichmäßig aufgeteilt wird.

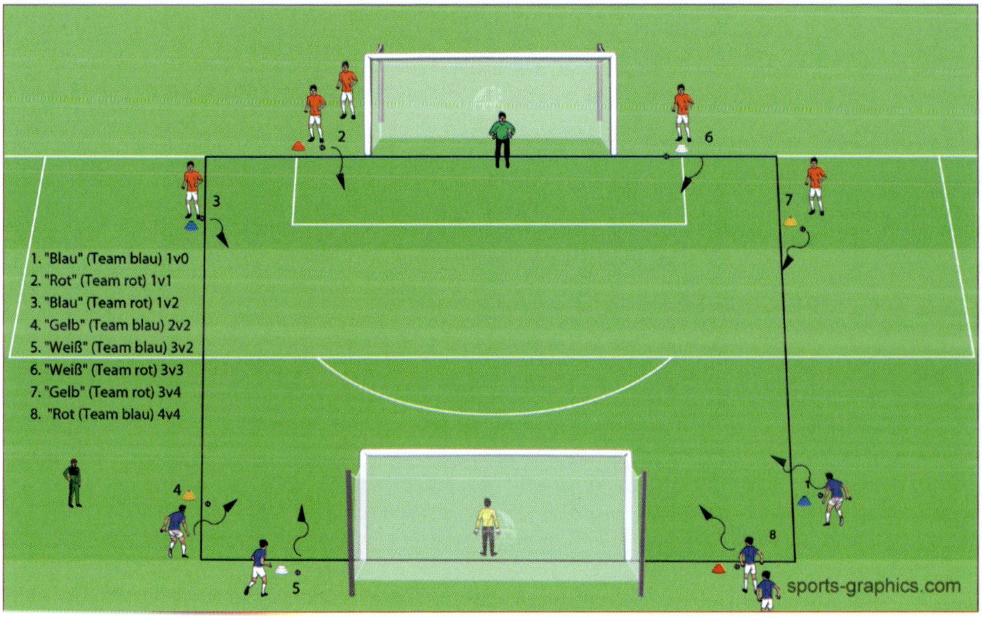


*Abbildung 23: Zweikampfverhalten in variablen Zahlenverhältnissen (eigene Darstellung)*

### Methodisch-didaktischer Kommentar:

» Die Trainingsform führt zu vielen Wiederholungen von unverhandelbaren Kompetenzen auf spezifischen Positionen (z. B. offensives/defensives 1 gegen 1 aus verschiedenen Situationen; Torabschlüsse ...).

» Die Spieler trainieren häufig das Ausspielen unterschiedlichster Überzahlsituationen (Wiedererkennungswert offensive Spielidee).

Die anderen zehn Spieler sind im zweiten Hauptteil auf dem anderen Feld. Hier wird für sechs Minuten ein 5 gegen 5 auf zwei Großtore gespielt. Rot beginnt mit einem 0:2-Rückstand. Nach jedem Ball, der ins Seitenaus gegangen ist, wird das Spiel beim Torwart der roten Mannschaft neu eröffnet. Des Weiteren darf Blau nur mit maximal drei Kontakten spielen. Gelingt es der roten Mannschaft, das Spiel noch zu drehen, erhält die blaue Mannschaft eine Strafe - andernfalls muss sie die rote Mannschaft selbst ausführen. Im zweiten Durchgang wechselt die Aufgabenstellung.

Nach 15 Minuten tauschen die beiden Gruppen aus den jeweiligen Hauptteilen.

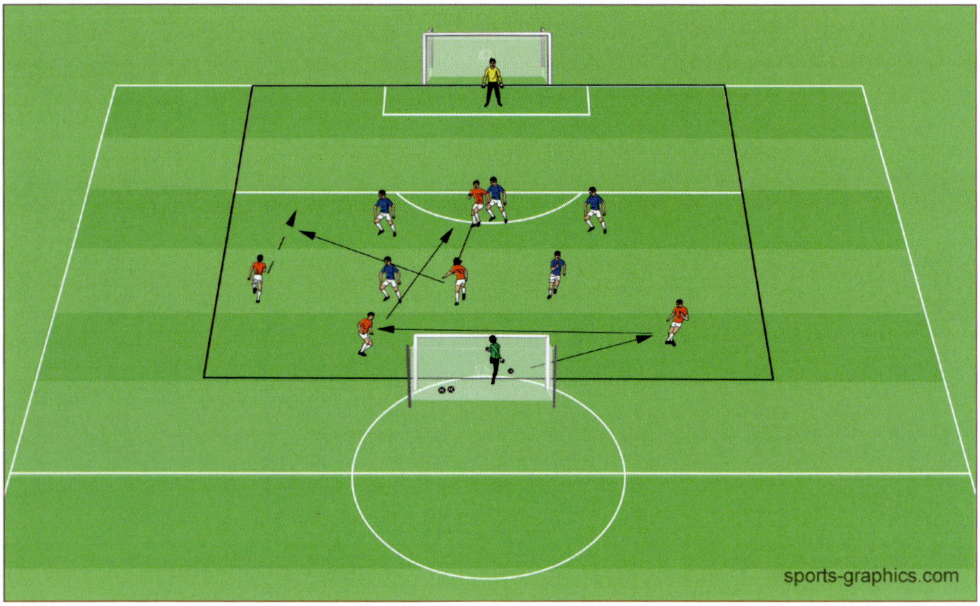


*Abbildung 24: 5 gegen 5 mit Provokationsregeln zur Schulung psychischer Fertigkeiten (eigene Darstellung)*

**Methodisch-didaktischer Kommentar:**

» Die rote Mannschaft braucht einen hohen Fokus in den Offensivaktionen, um den Rückstand trotz des Zeitdrucks noch zu kompensieren.

» Das blaue Team muss resilient sein und sich von den Widerständen (nur drei Kontakte und permanentes Angriffsrecht von Rot) frei machen, um das Spiel zu gewinnen.

## 4) ABSCHLUSS:

Zum Abschluss werden drei Teams (2 x 7 Spieler; 1 x 6 Spieler - ein Spieler bleibt drei Runden in der Form) gebildet. Zwei Mannschaften spielen im abgesteckten Feld im 5 gegen 5 + 2 gegeneinander. Die Außenspieler haben zwei Kontakte und werden eigenständig durchgewechselt. Im Feld wird mit maximal drei Kontakten gespielt.

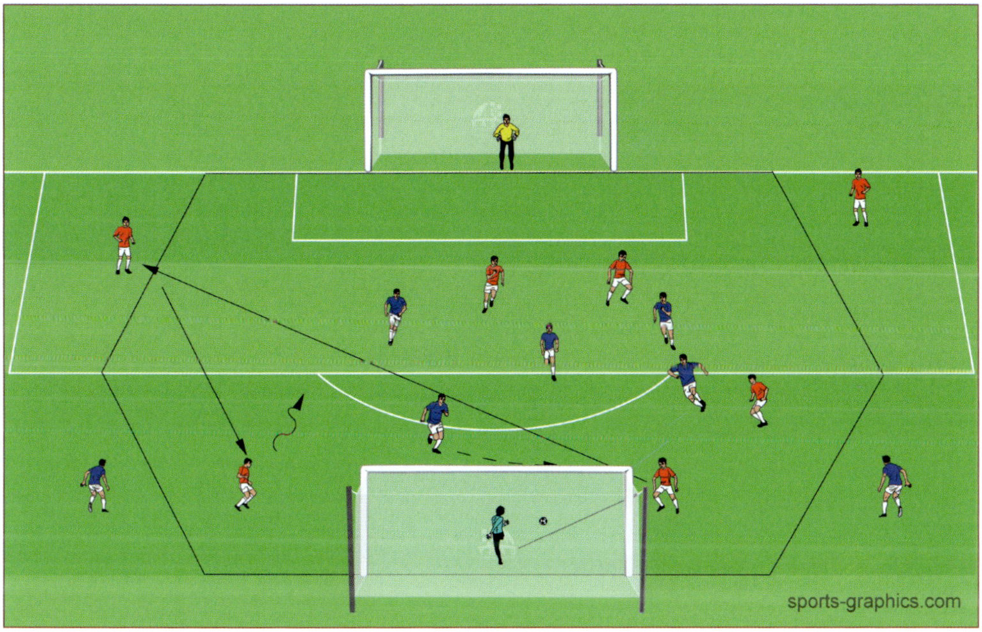


*Abbildung 25: 5+2 gegen 5+2 im Sechseck (eigene Darstellung)*

**Methodisch-didaktischer Kommentar:**

» Durch die Kontaktbegrenzung wird die Spielintensität erhöht.
» Die Hinzunahme der Außenspieler führt dazu, dass sich die Häufigkeit direkter Duelle reduziert und das Verwerten und Verteidigen von Flanken als zusätzliches Element hinzukommt.
» Die Forderung der individuellen Qualität steht im Vordergrund des Trainings (individuelle Betrachtungsweise).

Parallel zu der Spielform findet ein technisch-taktisch orientiertes Grundlagentraining in den Pausen statt. Die Spieler werden nach Positionen eingeteilt. Nach Anspiel des zentralen Spielers auf einen der Offensivspieler findet für mindestens drei Sekunden ein kurzes 2 gegen 2 statt. Hiernach besteht zusätzlich die Option des Rückpasses. Die Stürmer müssen die Entscheidung treffen, ob sie das direkte Duell suchen und die Verteidiger ausspielen oder den Ball kurz abschirmen, um dann den Rückpass zu wählen. Hiernach würde ein Flugball nach außen gespielt werden. Anschließend erfolgt eine Flanke inklusive eines Zweikampfes in der Luft. Erobern die Verteidiger den Ball, können sie einen Treffer auf ein Minitor erzielen.

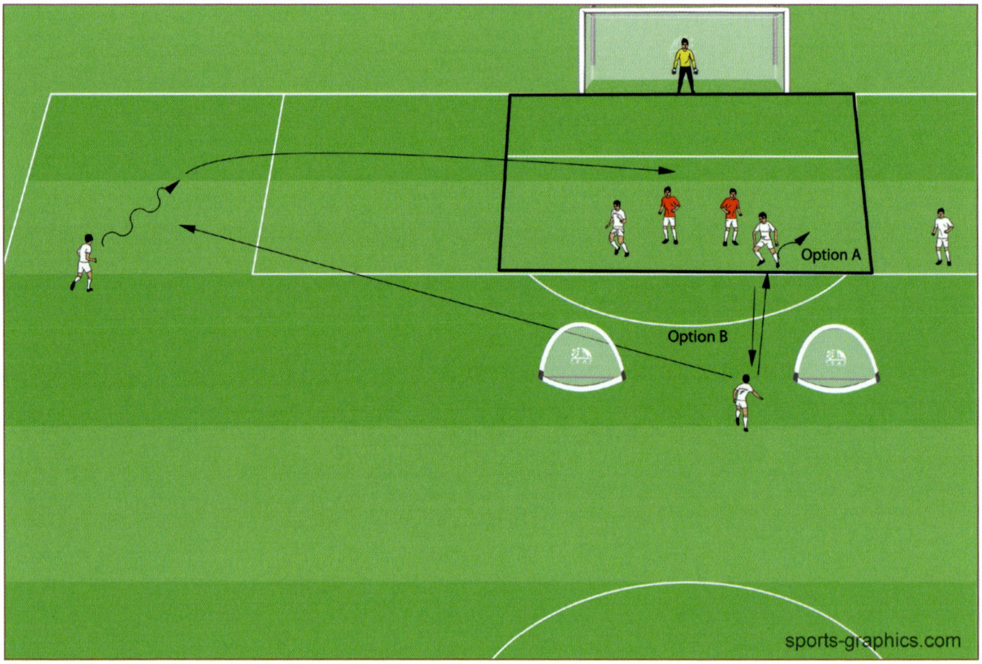


*Abbildung 26: Schulung der unverhandelbaren Kompetenz von Stürmern und Innenverteidigern (eigene Darstellung)*

**Methodisch-didaktischer Kommentar:**

» den Fokus in der Form nicht auf Wiederholung, sondern auf das Coaching richten; den Offensivspielern zeigen, wie sie den Ball optimal abschirmen können und ihnen Tipps zum Strafraumverhalten geben; den Verteidigern aufzeigen, was beim Verteidigen der Grundsituation „1 gegen 1 im Rücken des geschlossen stehenden Angreifers" sowie beim Verteidigen von Flanken wichtig ist (unverhandelbare Kompetenzen)

» optimalerweise mit zwei Trainern in der Form arbeiten, die jeweils einen offensiven und einen defensiven Schwerpunkt begleiten

## ERSTER MIKROZYKLUS; TRAININGSTAG: DONNERSTAG

| Trainingsinhalte: | Trainingsziele: |
|---|---|
| Verhalten nach Ballverlust in hohen Zonen aus dem Spielaufbau heraus<br><br>Offensive Positionstechniken der Viererkette | Verbesserung der kollektiven Entscheidungsfindung nach Ballverlust<br><br>Anspielbar sein, binden oder Restverteidigung aufbauen<br><br>Schulung der technisch-taktischen Fertigkeiten von Innen- und Außenverteidigern |

## 1) SPEZIFISCHES AUFWÄRMEN

Nach der allgemeinen Erwärmung folgt eine kleine Spielform mit zehn Spielern. Das Feld besteht aus zwei gleich großen Zonen. Im ersten Feld wird ein 5 gegen 3 gespielt. Schafft es die Überzahlmannschaft, zehn Pässe zu spielen, darf sie auf eines der drei Minitore außerhalb ihrer Zone spielen. Gewinnen die drei Verteidiger den Ball, müssen sie ihre beiden Zielspieler in der gegenüberliegenden Zone anspielen. Weiß versucht dies durch ein Gegenpressing zu verhindern.

Ein Seitenwechsel findet nach fünf Fehlern der Überzahlmannschaft bzw. durch das Auflösen des Gegenpressings statt. Die drei roten sowie drei weiße Spieler rücken in die andere Zone zu einem neuen 5 gegen 3 nach.

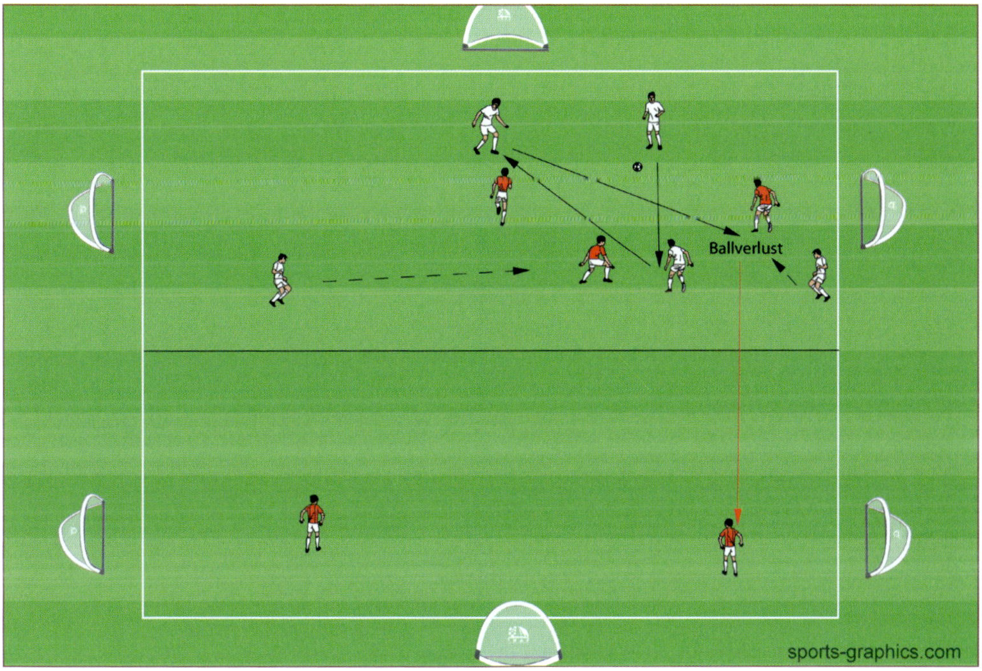


*Abbildung 27: Umschaltrondo Gegenpressing (eigene Darstellung)*

**Methodisch-didaktischer Kommentar:**

» ganzheitliche Anforderungen an viele leistungsrelevanten Fertigkeiten (Spielkompetenz) bereits in der spezifischen Erwärmung

» wettkampfnahe Spielform zur Vorbereitung auf das wettspielnahe Training (Trainingsabfolge)

» Die Feldform bzw. Feldgröße (methodischer Werkzeugkoffer) hat einen erheblichen Einfluss darauf, ob das Gegenpressing funktioniert oder überspielt wird. Je breiter die Zonen, desto schwieriger ist es, tiefe Passwege zu schließen. Andererseits müssen die Spieler noch handlungsschneller und intensiver gegenpressen, um bei einer breiten Zone das Auflösen des Gegenpressings zu verhindern.

## 2) HAUPTTEIL 1:

Das Spielfeld wird in drei gleich große Zonen eingeteilt. Die Spieler besetzen entsprechend der Abbildung die Zonen. Zunächst hat Blau Angriffsrecht und baut in der ersten Zone im 3 gegen 2 auf. Ein Innenverteidiger kann mit in die nächste Zone, um dort eine Überzahl zu schaffen. Genauso darf ein blauer Spieler mit in die letzte Zone, um dort ein 3 gegen 3 herzustellen. Gewinnt das rote Team den Ball in der Aufbauzone des blauen Teams oder in der gelbmarkierten Übergangszone, dürfen sie direkt auf die Minitore umschalten. Gewinnen sie den Ball erst in der eigenen Abwehrzone, müssen sie in dieser oder in der Übergangszone drei Pässe spielen, ehe sie auf die Minitore spielen können. In dem Moment des Ballverlustes greifen die markierten Abseitslinien, um ein Nachrücken der Innenverteidiger zu ermöglichen. Für den Umschaltmoment sind die Zonen aufgehoben, sodass sich alle Spieler frei bewegen können.

Jeder Angriff beginnt von unten aus der vorgegeben Zonenstruktur. Das Angriffsrecht wechselt nach einem erzielten Treffer des Defensivteams oder nach fünf Fehlern der Offensivmannschaft.

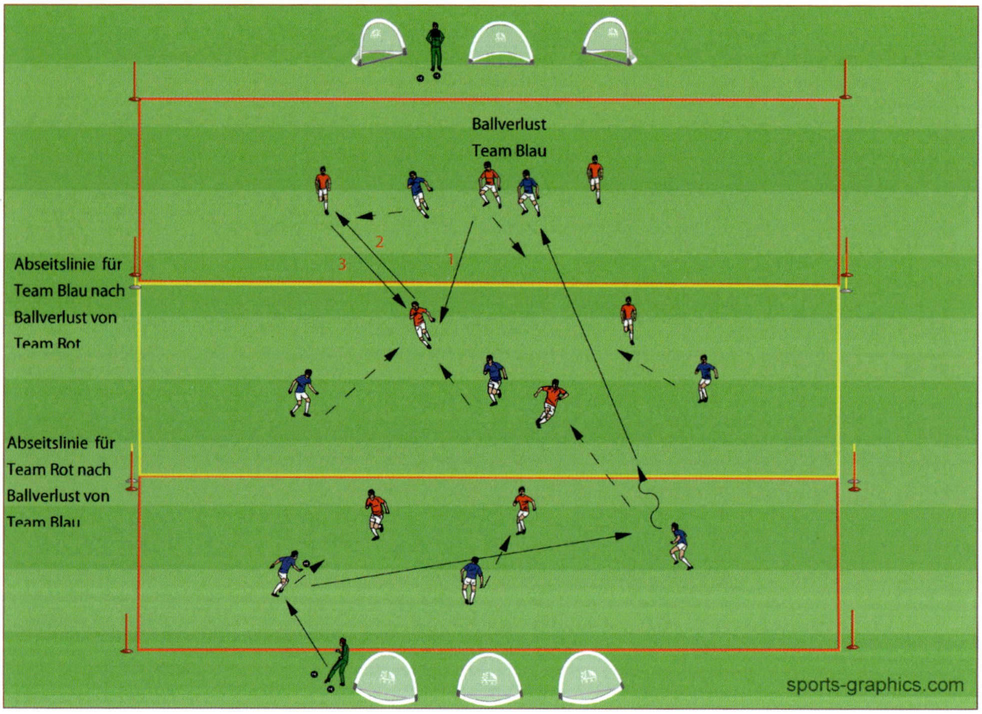


*Abbildung 28: Zonenspiel zum Gegenpressing auf Minitore (eigene Darstellung)*

**Methodisch-didaktischer Kommentar:**

- » Die Vorgabe (Aufteilung in den Zonen) führt zu einer spielnahen Aufbaustruktur, aus der später in das Gegenpressing gegangen wird.
- » Durch das Schaffen einer Überzahlsituation in der gelben Zone wird der Ballvortrag in das letzte Drittel erleichtert, sodass es dort auch häufiger zu Ballverlusten kommt.
- » Gegenpressing ist ein Werkzeug, das die Mannschaft betrifft. In der Konsequenz sollten Formen ausgewählt werden, in die möglichst viele Spieler involviert sind (Interaktion mit der gesamten Mannschaft).
- » Gegenpressing als Spielstrategie zunächst nur im letzten Drittel (Beachtung der Präkonzepte)

Parallel findet ein Positionstraining für die vier Außenverteidiger statt. Hier geht es darum, in einer hohen Wiederholungszahl eine wichtige technisch-taktische Fertigkeit zu trainieren, die in vielen anderen Trainingsformen eher selten gefragt ist: den ersten Kontakt nach hohen Zuspielen.

Die vier Außenverteidiger werden nach der Hälfte der Zeit durch vier Innenverteidiger ausgetauscht, sodass Letztere ebenfalls in die Spielstrategie „Gegenpressing nach Ballverlust in hohen Zonen" eingeweiht werden. Die vier Innenverteidiger absolvieren dann ein auf sie zugeschnittenes Positionstraining.

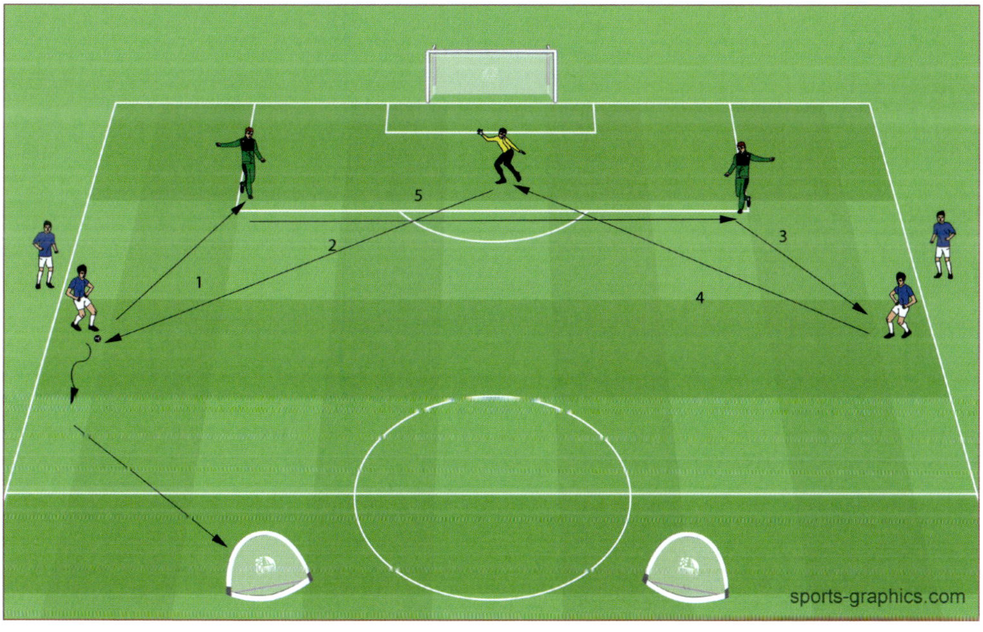


*Abbildung 29: Positionstraining Außenverteidiger (eigene Darstellung)*

## 3) HAUPTTEIL 2:

Im zweiten Hauptteil geht es um ein wettspielnahes Training mit dem Schwerpunkt „Verhalten nach Ballverlust in hohen Zonen". Das Coachingteam spielt im 4-4-2 mit einer Mittelfeldraute gegen ein nach außen lenkendes 4-4-2 flach im tiefen Mittelfeldpressing. Jeder Angriff beginnt beim Torwart der blauen Mannschaft. Es geht darum, die kollektive Entscheidungsfindung der Mannschaft nach Ballverlust zu verbessern (wann gehen wir ins Gegenpressing, wann halten wir die Höhe und wann müssen wir fallen?).

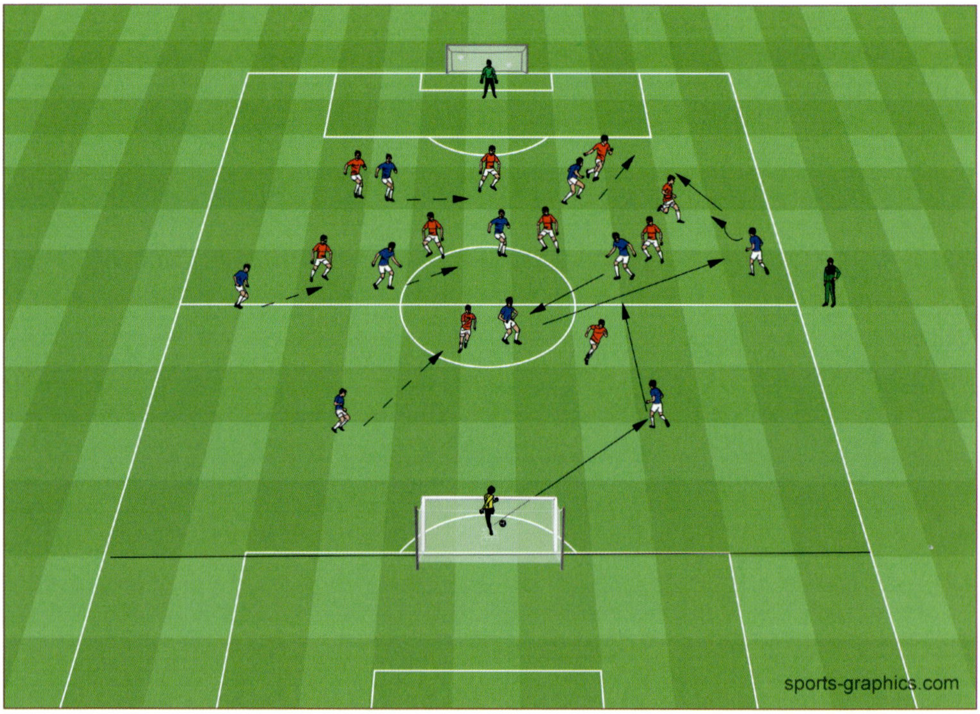


*Abbildung 30: Wettspielnahes Training Gegenpressing (eigene Darstellung)*

**Methodisch-didaktischer Kommentar:**

» Die Qualität des eigenen Spiels soll erhöht werden, indem die mannschaftlichen Abläufe nach Ballverlust verbessert werden. Die Trainingsform eignet sich nicht, um die individuelle Qualität des Spielers zu erhöhen.

» Die Coachingpunkte der vorherigen Formen (sofortiges Nachsetzen, tiefe Passwege schließen, Restverteidigung im Ballverlust organisieren, kollektives Verantwortungsbewusstsein) werden im 11 gegen 11 relevant.

## 4) ABSCHLUSS:

Am heutigen Trainingstag wird im Abschlussspiel ein 11 gegen 11 gespielt. Dabei wird das Feld entsprechend der Abbildung verkleinert. Im Ballbesitz spielen beide Mannschaften mit einer Mittelfeldraute. Im Defensivspiel agieren sie aus dem 4-4-2 flach im Mittelfeldpressing. Tore, die nach einem erfolgreichen Gegenpressing nach Ballverlust im letzten Drittel eingeleitet wurden, zählen dreifach.

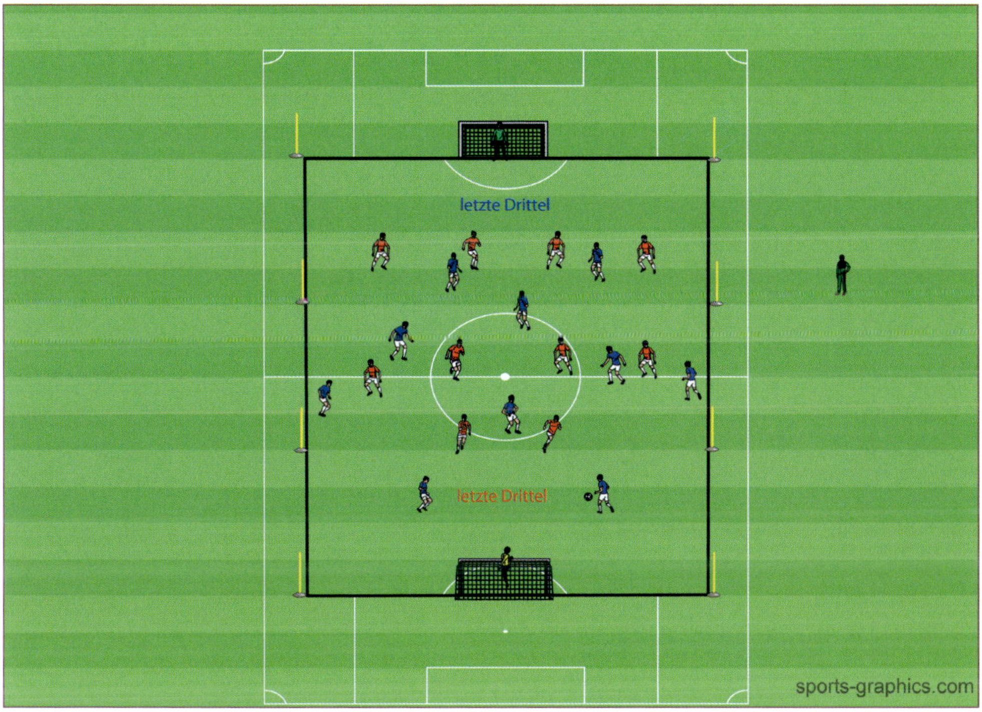


*Abbildung 31: Abschlussspiel Gegenpressing im verknappten Raum (eigene Darstellung)*

**Methodisch-didaktischer Kommentar:**

» Die Enge des Feldes führt zu erhöhten technischen Anforderungen. In der Konsequenz wird es mehrere Umschaltmomente geben, auf die eine mannschaftliche Reaktion gefragt ist.

» Die Provokationsregel, dass Tore nach dem Gegenpressing in hohen Zonen dreifach zählen, fördert ein aggressives Nachsetzverhalten nach Ballverlust im letzten Drittel.

» Die Mannschaft sollte über die notwendigen technischen und taktischen Voraussetzungen verfügen, um trotz des hohen Zeit- und Gegnerdrucks spielfähig zu sein (siehe Erforschung von Lernvoraussetzungen).

## ERSTER MIKROZYKLUS; TRAININGSTAG: FREITAG

| Trainingsinhalte: | Trainingsziele: |
|---|---|
| Grundlagen des Positionsspiels | Tempo und Variabilität durch eine offene Stellung |
| Torabschlüsse nach 2v1- Situationen | Sicheres Ausspielen von 2v1-Situationen |
| Torabschlüsse aus verschiedenen Winkeln mit seitlichem Gegendruck und nach Schussfinte | Verbesserung von Abschlussqualitäten |

### 1) SPEZIFISCHES AUFWÄRMEN:

Zur spezifischen Erwärmung wird ein einfaches Rondo im 4 gegen 2 plus einen zentralen Spieler gespielt. Die Form wird dreifach aufgebaut. Entweder spielt ein Torhüter oder ein Trainer mit. Der Spieler im Zentrum wird nach einer Minute getauscht. Bei einem Fehler wechseln die äußeren Spieler mit den Störspielern in der Mitte. Läuft das Rondo flüssig, kann die Regel eingeführt werden, dass Rückpässe außen verboten werden, sodass auch hier in den offenen Fuß gepasst werden muss, um dem Spieler am Ball Optionen zur Spielfortsetzung zu geben.

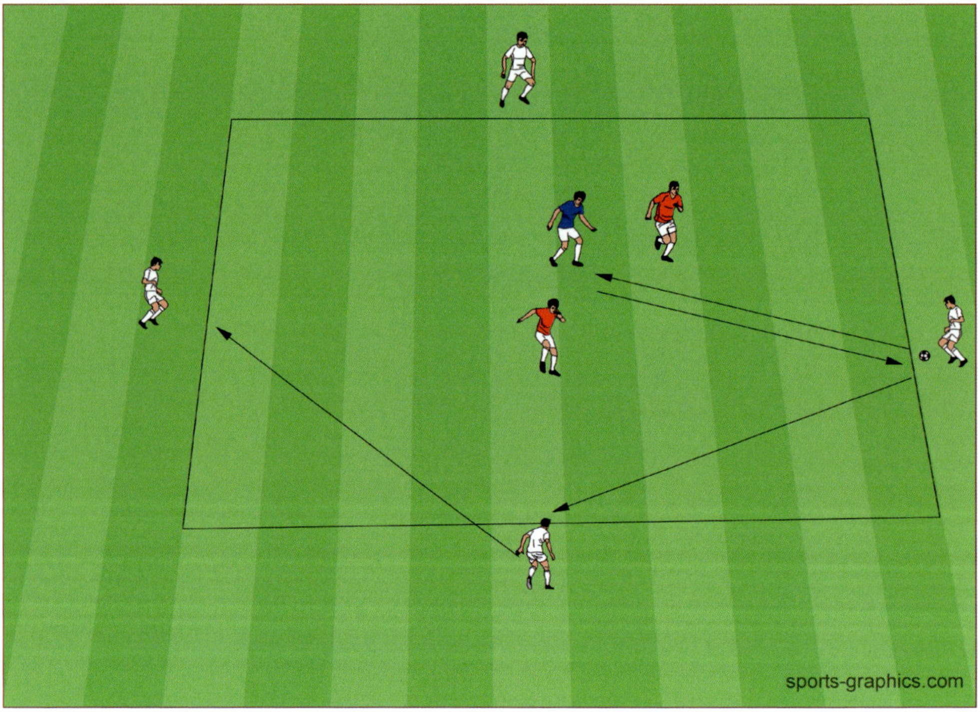


*Abbildung 32: 4+1 gegen 2 (eigene Darstellung)*

**Methodisch-didaktischer Kommentar:**

» hohe Aktionsdichte an Pässen und Entscheidungen

» Der Überzahlspieler in der Mitte ist nach Möglichkeit ein zentraler Mittelfeldspieler (360-Grad-Wahrnehmung).

## 2) HAUPTTEIL 1:

Das Spielfeld wird in drei gleich große Zonen eingeteilt. Die Spieler besetzen entsprechend der Abbildung 33 die Zonen und bleiben dort. Es gibt drei Teams mit jeweils drei Spielern. Zunächst ist Blau das defensive Team und versucht den Ball zu erobern. Gelingt dies, darf auf eines der vier Minitore gespielt werden. Die Überzahlmannschaft versucht acht Pässe untereinander zu spielen, um einen Punkt zu bekommen.

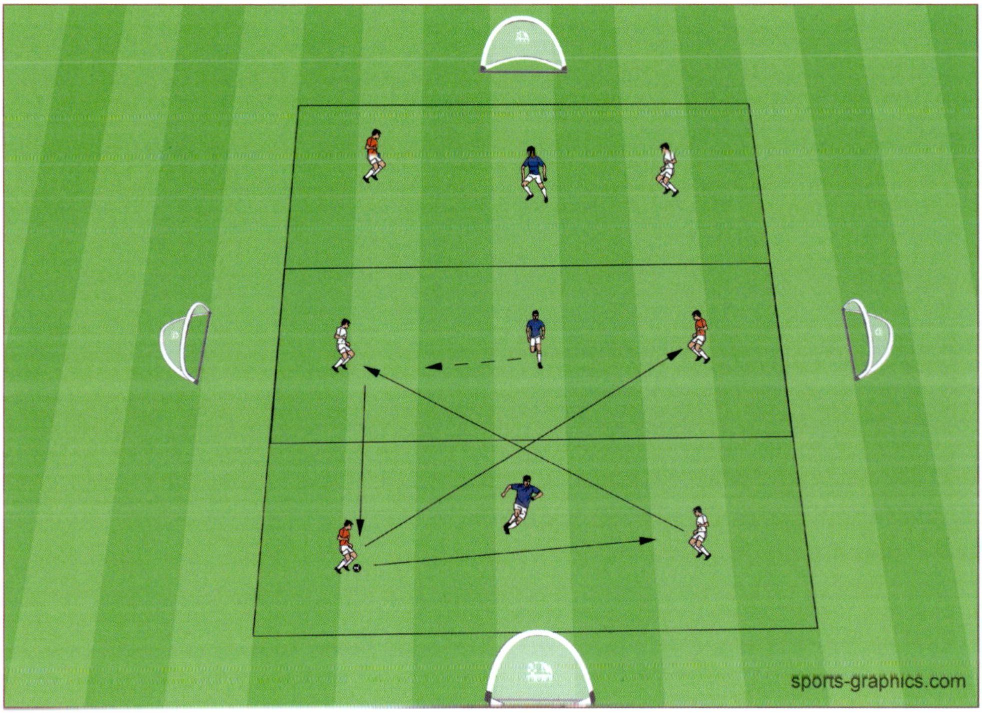


*Abbildung 33: 2-gegen-1-Rondo in drei Zonen (eigene Darstellung)*

**Methodisch-didaktischer Kommentar:**

» Das diagonale Passspiel in den offenen Fuß ermöglicht eine Variabilität und Tempo in der Spielfortsetzung (Wiedererkennungswert offensive Spielidee).

» Differenzierung des Trainings (es werde nicht alle gleich trainiert)

Parallel findet ein Positionstraining für zwei zentrale Stürmer statt. Anhand von Szenenanalysen werden zwei verschiedene Grundsituationen trainiert. In der ersten Variante dringt der Stürmer aus dem Halbfeld in den Strafraum ein und erhält seitlichen Gegnerdruck. Folglich muss er mit seinem linken Fuß mit maximal zwei Kontakten zum Abschluss kommen. Diese Variante auch von der rechten Seite trainieren. In der zweiten Variante wird der Torschuss angetäuscht und nach innen abgekappt. Mit dem nächsten Kontakt folgt der Abschluss aus einem anderen Torwinkel.

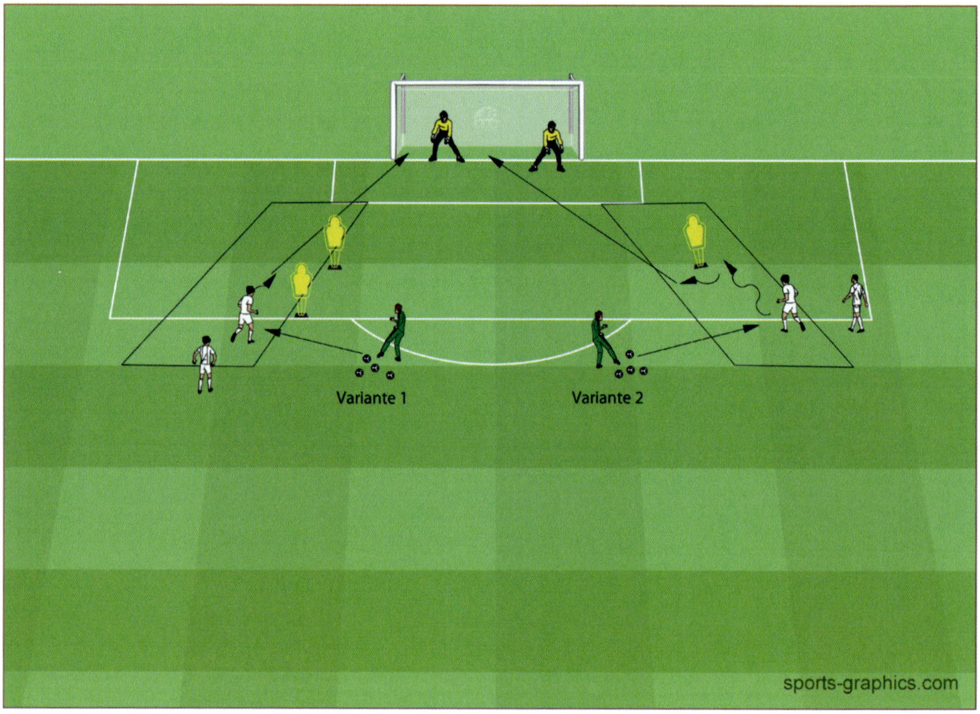


*Abbildung 34: Positionstraining Stürmer (eigene Darstellung)*

**Methodisch-didaktischer Kommentar:**

» Um dem Problem des „Einheitsbreis" entgegenzuwirken und wieder Spezialisten zu entwickeln, sollte punktuell positionsspezifischer trainiert werden. Die Stürmer trainieren in der Trainingseinheit dennoch in zwei anderen Rondovarianten kognitive Fertigkeiten, die Entscheidungsfindung sowie für das Aufbauspiel technisch relevante Fertigkeiten.

» Ein isoliertes Abschlusstraining am Tag vor dem Spieltag ermöglicht eine hohe Wiederholungszahl und mehr Erfolgserlebnisse (Selbstwirksamkeitserwartung – eigene Erfolgserfahrung).

## 3) HAUPTTEIL 2:

Im zweiten Hauptteil werden drei Mannschaften mit jeweils sechs Spielern gebildet sowie zwei neutrale Spieler bestimmt. Die Spieler besetzen entsprechend der Abbildung 35 die Zonen. In der ersten Zone wird ein 6 gegen 3 mit maximal zwei Kontakten gespielt. Nachdem vier Pässe gespielt wurden, kann in die nächste Zone verlagert werden. Allerdings muss hierfür zuvor ein blauer Spieler angespielt werden. Mit dem Pass in die Übergangszone kann ein zusätzlicher Verteidiger aus der gegenüberliegenden Zone ein Aufdrehen des neutralen Spielers verhindern. Eine Verlagerung findet demnach über ein „Steil-Klatsch-Steil" oder durch ein diagonales Anspiel in den offenen Fuß statt. Gelingt die Verlagerung, jagen die drei zuvor passiveren Verteidiger den Ball und ein zuvor aktiver Verteidiger verteidigt nun die Übergangszone. Nach einem Ballgewinn kann die Unterzahlmannschaft auf die Minitore umschalten.

Ein Aufgabenwechsel findet nach einem Treffer in eines der vier Minitore oder nach fünf Fehlern statt.

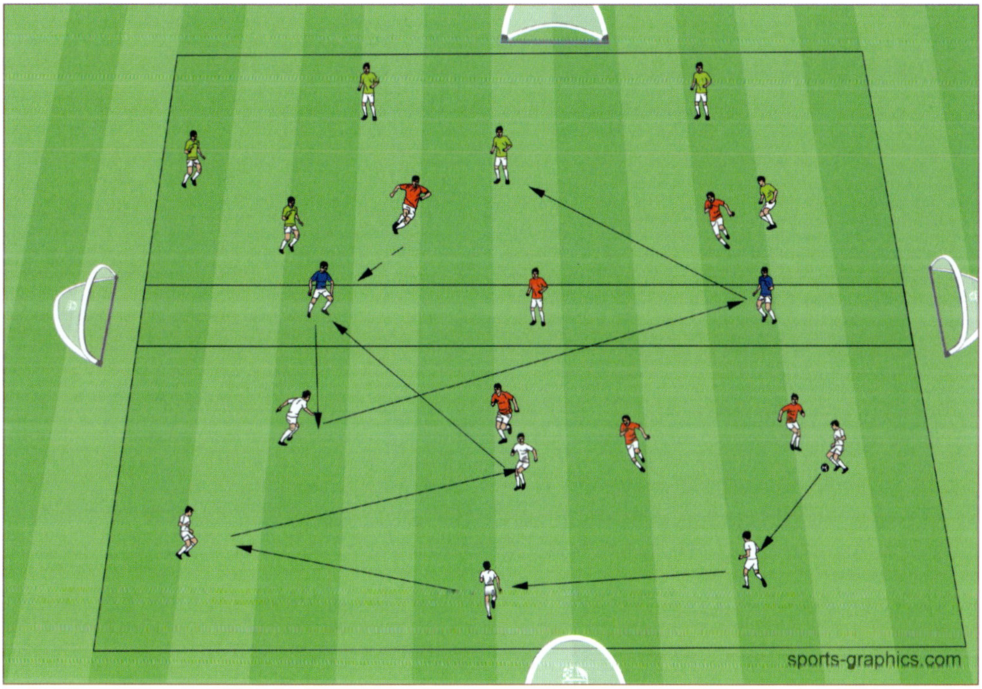


*Abbildung 35: Verlagerungsrondo über den offenen Spieler oder im Spiel über den Dritten (eigene Darstellung)*

**Methodisch-didaktischer Kommentar:**

- Ein diagonales Anspiel in den offenen Fuß ermöglicht eine Zonenverlagerung.
- hohe Anforderungen an die geteilte Aufmerksamkeit durch die Verarbeitung mehrerer Reize (Bewegung und Positionierung aller freien Mit- und Gegenspieler), hierfür allerdings weniger Ballkontakte und Entscheidungen als in kleineren Spielformen

## 4) ABSCHLUSS:

Zum Abschluss findet ein „2 gegen 1 auf 2 gegen 2" statt. Hierfür wird zunächst in der Grundposition 1 gestartet, in der ein Stürmer unmittelbaren Gegnerdruck im Rücken hat. Aus dieser Position heraus wird er angespielt und erhält Unterstützung vom nachrückenden Passgeber. Das Ziel ist es, den Verteidiger im 2 gegen 1 zu überwinden und auf das Tor zu schießen. Erobert der Verteidiger den Ball, kontert er auf eines der beiden Minitore. Hiernach startet von unten ein weiterer weißer Spieler zum 2 gegen 2. Die zweite Aktion wird maximal zehn Sekunden lang durchgeführt. Als Variation kann die Grundposition im 2 gegen 1 verändert werden.

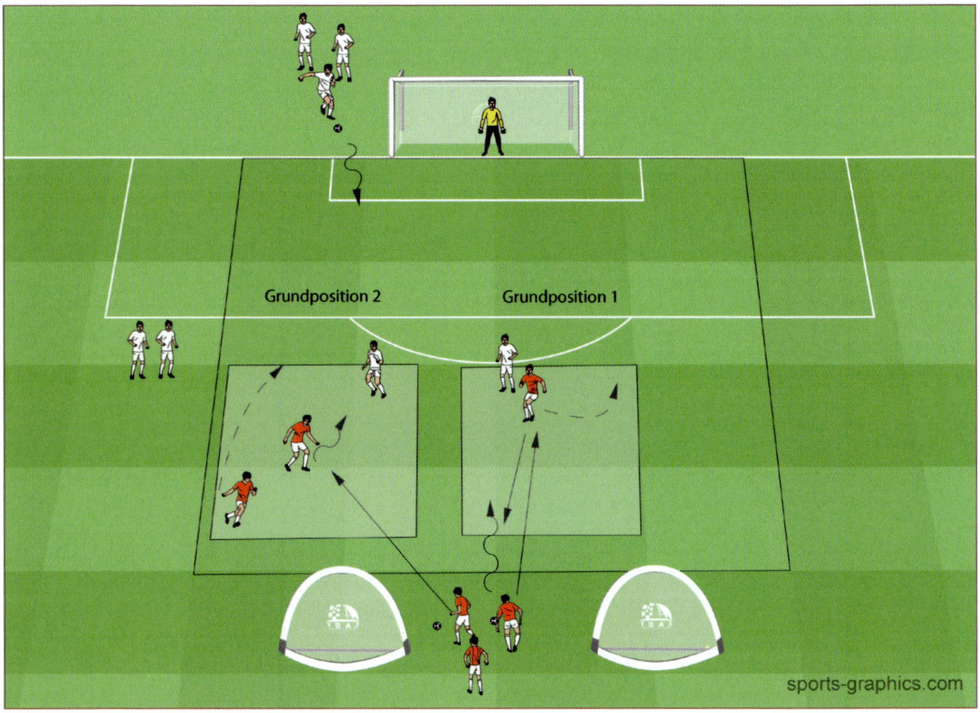


*Abbildung 36: 2 gegen 1 auf 2 gegen 2 (eigene Darstellung)*

**Methodisch-didaktischer Kommentar:**

» Das Ausspielen einfacher Überzahlsituation als wesentliches Offensivkonzept soll gefestigt werden (Lernziele passen zur Spielidee).

» Auf dem Niveau der Mannschaft sind einfache 2-gegen-1-Situationen in einem großen Raum leicht auszuspielen (geringer Komplexitätsdruck am Tag vor dem Spiel - viel Erfolgserlebnisse).

# 9 SCHLUSSBETRACHTUNG

Ich hoffe, dass ihr mithilfe des Buches ein höheres Bewusstsein für die Wichtigkeit einer konzeptionellen Trainingsarbeit entwickelt habt. Idealerweise helfen euch methodische und didaktische Überlegungen dabei, die Qualität eures Trainings auf ein höheres Level zu bringen. Schließlich eignet sich nicht jedes Training für sämtliche Mannschaften und Altersbereiche. Eine Differenzierung ist unerlässlich.

Es wurde aufgezeigt, dass sich die Spielkompetenz aus vielen einzelnen Bausteinen zusammensetzt, die über das Training regelmäßig angesprochen werden müssen. Zentrale Mittelfeldspieler, deren kognitive Fertigkeiten im Training selten gefragt sind, werden auf Strecke nicht ihr maximales biologisches Potenzial entfalten. Hierfür lebt das Spiel auf ihrer Position zu sehr von der Qualität ihrer Entscheidungen, die wiederum von der Wahrnehmung, Aufmerksamkeit und Antizipation abhängig sind. Genauso wenig werden wir starke 1-gegen-1-Spieler entwickeln, die ständig einem Training ausgesetzt sind, in denen Überzahl-/Unterzahlspiele trainiert werden und das Ausspielen der Überzahl gegenüber dem offensiven 1 gegen 1 die bessere Lösung ist.

Eine Mannschaft mit einer hohen individuellen Qualität, aber ohne einen gemeinsamen Fahrplan wird wahrscheinlich ebenfalls nicht das Maximum aus ihren Möglichkeiten herausholen. Somit muss auch die Spielidee über das Training abgedeckt werden. Bekanntlich baut die Mannschaftstaktik auf der individuellen Qualität der Spieler auf, die zunächst entwickelt werden muss. Hierfür eignen sich kleinere Spielformen mit einer höheren Aktionsdichte eher als größere Spielformen, in denen es um die kollektive Abstimmung geht. In diesem Zusammenhang wird ersichtlich, weshalb die Mannschaftstaktik im Jugendfußball in einem geringeren Ausmaß trainiert werden sollte als im Erwachsenenfußball.

Anders als in anderen Sportarten setzt sich die Struktur der Leistungsfähigkeit einer Mannschaft aus vielen verschiedenen Facetten zusammen, weshalb der Fußball zu den komplexesten Sportspielen zählt. Das bedeutet nicht, dass das Training komplex sein und neu erfunden werden muss. Allerdings sollte ein Trainer den Überblick über seine langwierige Trainingskonzeption haben, um die Abdeckung der Bausteine zur Erbringung von Leistung im Fußball zu gewährleisten.

Ein prozessorientiertes Arbeiten, so wie es mit der zyklischen Planung vorgeschlagen wird, kostet Zeit und ist nicht immer leicht umzusetzen. Ich würde mich freuen, wenn der ein oder andere Trainer nach dem Lesen des Buches mehr Mut hat, seine Denkweise prozessorientiert(er) auszurichten. Ich schließe mich nämlich Jürgen Klopps Worten an und glaube fest daran, durch ein durchdachtes und effizientes Training eine bestimmte Entwicklung auszulösen zu können:

*„If we have a good idea, we try to bring it on the pitch, and that needs time. I believe in training, sometimes I feel I´m the only one in this country who believes in training, only others believe in transfers. I love this game, because training can make the difference." (Klopp, 2015; zit. nach Rafelt, 2016, S. 171)*

Die vorgestellten Kapitel können als Ratgeber herangezogen werden, um euren Spielern und Mannschaften die für sie richtigen Trainingsangebote zu machen. Mittlerweile glaube ich immer mehr, dass die herausragenden Qualitäten um Iniesta, Xavi und Busquets keine Laune der Natur waren, sondern viel mehr das Produkt einer über viele Jahre zu den Spielern und zur Mannschaft passenden und effizienten Trainingskonzeption. Die inhaltliche Auseinandersetzung des Trainings ist nach wie vor ein unterschätzter Hebel zur Leistungssteigerung im Fußball.

In meinem zweiten Jahr als Trainer habe ich eine U17-Mannschaft in meinem Heimatlandkreis übernommen, die zuvor über viele Jahre von einem sehr guten und erfahrenen Trainer ausgebildet wurde. In der Zeit war ich bereits Student und habe mich intensiv mit dem Fußball befasst. Ich dachte, mithilfe dieses Wissens würde ich den Spielern ein Training anbieten, das sie richtig fördern wird. Am Ende der Saison konnten wir knapp die Klasse halten - obwohl wir in der Mehrheit der Spiele den Ton angegeben haben. Die Spielweise war ein Abbild der Trainingskonzeption der Saison. Trotz eines dominanten Spiels hat es uns an Spezialisten gefehlt, wir waren nicht gut genug im Zweikampfverhalten und es fehlte uns an Intensität im Spiel. Zudem waren wir eine Mannschaft, die definitiv zu viele Standardgegentore geschluckt hat. Alles Aspekte, die auf das Training zurückzuführen sind.

Nach der Saison habe ich vom vorherigen Trainer einen wichtigen Hinweis erhalten:

„Björn, dir stehen nur zwei volle Trainingseinheiten zur Verfügung. Überleg dir sehr genau, welche Schwerpunkte du setzten möchtest. Du kannst nicht alles trainieren. Was ist am wichtigsten?"

Heute verstehe ich seine Botschaft aus einer anderen Perspektive. Danke für das wichtige Learning, Heiner!

Mir wurde im Rahmen des Schreibprozesses die Frage gestellt, ob es eine perfekte, langfristig ausgelegte Trainingskonzeption gebe, die auf Dauer das maximale Potenzial eines Spielers/einer Mannschaft herauskitzeln könne.

Wahrscheinlich bräuchte man zunächst eine auf die Mannschaft perfekt abgestimmte Spielidee und sollte zur Verinnerlichung hierfür implizite und explizite Lernprozesse gezielt ansprechen. Darüber hinaus sollte das Training die Spieler darauf vorbereiten, eine hohe Spielintensität gehen zu können. Die unverhandelbaren Kompetenzen der Spieler müssten geschärft werden. Im Training bräuchte es einen guten Mix aus einer individuellen und mannschaftlichen Betrachtungsweise.

Vermutlich müssten viele der in diesem Buch besprochenen Überlegungen beachtet werden. Ich glaube, dass diese perfekte Trainingskonzeption lediglich in der Vorstellung existiert. Der Fußball ist hierfür einfach zu komplex. Es ist nicht möglich, sie genau zu skizzieren. Aber vielleicht sollten wir Trainer danach streben, ihr möglichst nahe zu kommen. Falls Perfektion nur eine Illusion ist, dürfte eine Annährung das Nächstbeste sein.

Viel Erfolg und Freude auf dem Weg dieser Annäherung,
Björn Bremermann

# ANHANG

## 1 ABBILDUNGSVERZEICHNIS


Abbildung 1: Entscheidungsverhalten in einer Spielaufbauszene in Anlehnung an die motivationspsychologische Sichtweise nach Roth (1989) (eigene Darstellung) ... 48
Abbildung 2: Entscheidungsverhalten in einer Spielaufbauszene in Anlehnung an die kognitionswissenschaftliche, dynamisch-integrative Sichtweise nach Farrow & Abernethy (2007) (eigene Darstellung) ... 49
Abbildung 3: Individualisierung anhand einer Spielaufbauszene (eigene Darstellung) ... 71
Abbildung 4: Makro-, Meso- und Mikrozyklen (eigene Darstellung) ... 95
Abbildung 5: Vereinfachtes Phasenmodell im Fußball (eigene Darstellung) ... 96
Abbildung 6: Ausdifferenzierung eigener Ballbesitz (eigene Darstellung) ... 97
Abbildung 7: Verhaltensweisen nach Ballverlust (eigene Darstellung) ... 97
Abbildung 8: Gegnerischer Ballbesitz (eigene Darstellung) ... 98
Abbildung 9: Verhaltensweisen nach Ballgewinn (eigene Darstellung) ... 99
Abbildung 10: Bausteine der Spielkompetenz (eigene Darstellung) ... 100
Abbildung 11: Technisch-taktische Fertigkeiten (eigene Darstellung) ... 101
Abbildung 12: Athletische Fertigkeiten (eigene Darstellung) ... 102
Abbildung 13: Kognitive Fertigkeiten (eigene Darstellung) ... 103
Abbildung 14: Psychische Fertigkeiten (eigene Darstellung) ... 103
Abbildung 15: Mikrozyklus (eigene Darstellung) ... 106
Abbildung 16: Integriertes Rondo (eigene Darstellung) ... 112
Abbildung 17: Spielaufbaurondo Zwischenlinienraum (eigene Darstellung) ... 113
Abbildung 18: Stürmerspezifisches Kopfballtraining (eigene Darstellung) ... 114
Abbildung 19: Wettspielnahes Training zum Spielaufbau (eigene Darstellung) ... 115
Abbildung 20: Tschechenrolle mit Zwischenlinienraum (eigene Darstellung) ... 116
Abbildung 21: Steil-Klatsch-Steil und offene Stellung im Passspiel (eigene Darstellung) ... 117
Abbildung 22: Dreieckstorespiel zur Steigerung der Spielintensität (eigene Darstellung) ... 118
Abbildung 23: Zweikampfverhalten in variablen Zahlenverhältnissen (eigene Darstellung) ... 119
Abbildung 24: 5 gegen 5 mit Provokationsregeln zur Schulung psychischer Fertigkeiten (eigene Darstellung) ... 120
Abbildung 25: 5 + 2 gegen 5 + 2 im Sechseck (eigene Darstellung) ... 121
Abbildung 26: Schulung der unverhandelbaren Kompetenz von Stürmern und Innenverteidigern (eigene Darstellung) ... 122

Abbildung 27: Umschaltrondo Gegenpressing (eigene Darstellung) ..... 123
Abbildung 28: Zonenspiel zum Gegenpressing auf Minitore (eigene Darstellung) ..... 124
Abbildung 29: Positionstraining Außenverteidiger (eigene Darstellung) ..... 125
Abbildung 30: Wettspielnahes Training Gegenpressing (eigene Darstellung) ..... 126
Abbildung 31: Abschlussspiel Gegenpressing im verknappten Raum (eigene Darstellung) ..... 127
Abbildung 32: 4 + 1 gegen 2 (eigene Darstellung) ..... 128
Abbildung 33: 2-gegen-1-Rondo in drei Zonen (eigene Darstellung) ..... 129
Abbildung 34: Positionstraining Stürmer (eigene Darstellung) ..... 130
Abbildung 35: Verlagerungsrondo über den offenen Spieler oder im Spiel über den Dritten (eigene Darstellung) ..... 131
Abbildung 36: 2 gegen 1 auf 2 gegen 2 (eigene Darstellung) ..... 132

# 2 LITERATURVERZEICHNIS

## LITERARISCHE QUELLEN

Abernethy, B./Russell, D. (1987): Expert-Novice Differences in an Applied Selective Attention Task. In: *Journal of Sport Psychology, 9, (4),* 326–345.

Abernethy, B./Gill, D./Parks, S./Packer, S. (2001): Expertise and the perception of kinematic and situational probability information. In: *Perception 30, (2),* 233–252.

Asendorpf, J./Neyer, F. (2018): Psychologie der Persönlichkeit. Berlin: Springer Verlag.

Bak, P. M. (2019): Lernen, Motivation und Emotion. Allgemeine Psychologie II – das Wichtigste, prägnant und anwendungsorientiert. Berlin: Springer.

Bandura, A. (1997): Self-Efficacy. The Exercise of Control. New York: W. H. Freeman.

Bradley, P./Carling, C./Diaz, A./Hood, P./Barnes, C./Ade, J./Boddy, M./Krustrup, P./Mohr, M. (2013): Match performance and physical capacity of players in the top three competitive standards of English professional soccer. In: *Human Movement Science, 32,* 808-821.

Breithecker, J./Jaitner, D./Lohmann, J./Linke, D./Siegle, M./Lames, M./Brandl-Bredenbeck, H. (2021): Bewegungszeit, Belastungsintensität und Bewegungsumfang im Sportunterricht. Schwerpunkt: Fußball. In: *German Journal of Exercise and Sport Research, 3,* 293.

Bruckmann, K./Recktenwald, H. (2010): Schulbuch Sport. Aachen: Meyer & Meyer Verlag.

Cohen, M./Nakayama, K./Konkle, T./Stanti?, M./Alvarez, G. (2015): Visual Awareness Is Limited by the Representational Architecture of the Visual System. In: *Journal of cognitive neuroscience, 27,* (11), 2240–2252.

Coull, J. T. (1998): Neural correlates of attention and arousal: insights from electrophysiology, functional neuroimaging and psychopharmacology. In: *Progress in neurobiology 55, (4),* 343–361.

Dicks, M./Noël, B. (2013): Sportspiele. Wahrnehmung. In: A. Güllich & M. Krüger (Hrsg.): Sport. Das Lehrbuch für das Sportstudium. Heidelberg: Springer Spektrum, 564–567.

Farrow, D./Abernethy, B. (2007): Wahrnehmung von Expertinnen und Experten im Sport: Einige Kernfragen und probleme. In: N. Hagemann, M. Tietjens & B. Strauß (Hrsg.): Psychologie der sportlichen Höchstleistung. Grundlagen und Anwendungen der Expertiseforschung im Sport. Göttingen: Hogrefe Verlag, 71–92.

Frodeno, J. (2018): Eine Frage der Leidenschaft. Mit Mut und Leidenschaft zum Erfolg. München: Ariston.

Fröse, M./Kaudela-Baum, S./Dievernich, F. (2015): Emotion und Intuition in Führung und Organisation. Wiesbaden: Springer Fachmedien Wiesbaden.

Gassert, M. (2013): Alles ist schwer, bevor es leicht wird. Mit dem Wissen der Shaolin zu mehr Disziplin und Willenskraft. (6. neu bearbeitete Auflage). München: Ariston.

Gigerenzer, G., Gaissmaier, W. (2015): Intuition und Führung. In: M. W. Fröse, S. Kaudela-Baum & F. Dievernich (Hrsg.): Emotion und Intuition in Führung und Organisation. Wiesbaden: Springer Fachmedien Wiesbaden, 19-42.

Güllich, A./Krüger, M. (2013): Sport. Das Lehrbuch für das Sportstudium. Heidelberg: Springer Spektrum.

Hagemann, N./Tietjens, M./Strauß, B. (2007): Psychologie der sportlichen Höchstleistung. Grundlagen und Anwendungen der Expertiseforschung im Sport. Göttingen: Hogrefe Verlag.

Havighurst, R. (1972): Developmental tasks and education. (3. neu bearbeitete Auflage). New York: Longman.

Hildebrandt, A./Neumüller, W. (2021): Bauchgefühl im Management. Berlin: Springer.

Hohmann, A./Lames, M./Letzelter, M. (2014): Einführung in die Trainingswissenschaft. (6. neu bearbeitete Auflage). Wiebelsheim: Limpert Verlag.

Höner, O. (2005): Entscheidungshandeln im Sportspiel Fußball. Eine Analyse im Lichte der Rubikontheorie. Schorndorf: Verlag Hofmann.

Höner, O./Larkin, P./Leber, T./Feichtinger, P. (2020): Talentauswahl und -entwicklung im Sport. In: J. Schüler, M. Wegner & H. Plessner (Hrsg.): Sportpsychologie. Heidelberg: Springer, 499-530.

Hüther, G. (2017): Was wir sind und was wir sein könnten. Ein neurobiologischer Mutmacher. (4. neu bearbeitete Auflage). Frankfurt am Main: Fischer Taschen Bibliothek.

Jordet, G./McGuckian, T./Cole, M./Chalkley, D./Pepping, G. (2018): Don't Turn Blind! The Relationship Between Exploration Before Ball Possession and On-Ball Performance in Association Football. In: *Frontiers in psychology, 9,* 1-13.

Kahnemann, D. (2011): Schnelles Denken, langsames Denken. (11. neu bearbeitete Auflage). München: Siedler Verlag.

Killermann, W./Hiering, P./Starosta, B. (2013): Biologieunterricht heute. Didaktik für Grundschule u. Sekundarstufe I. (15. erweiterte u. überarbeitete Auflage). Donauwörth: Auer.

Kittler, C./Jekauc, D. (2015): Achtsamkeit im Leistungssport. In: *Leistungssport, 6,* 19-23.

Klafki, W. (1964): Das pädagogische Problem des Elementaren und die Theorie der kategorialen Bildung. Weinheim: Beltz.

Klitschko, W./Kiel, T. (2020): F.A.C.E. the Challenge. Entdecke die Willenskraft in dir! München: Ariston.

Lauth, G./Brack, U./Linderkamp, F. (2001): Verhaltenstherapie mit Kindern und Jugendlichen. Weinheim: Psychologie Verlags Union.

Lijnders, P. (2022): Inside Liverpool FC. Intensität ist unsere Identität. Hamburg: Edel Sports.

Loffing, F./Cañal-Bruland, R. (2017): Anticipation in sport. In: *Current opinion in psychology, 16,* 6-11.

Memmert, D./Furley, P. (2007): „I spy with my little eye!": breadth of attention, inattentional blindness, and tactical decision making in team sports. In: *Journal of sport & exercise psychology, 29, (3),* 365-381.

Memmert, D. (2011): Creativity, expertise, and attention: exploring their development and their relationships. In: *Journal of sports sciences 29, (1),* 93-102.

Memmert, D./Furley, P. (2012): Aufmerksamkeit. In: M. Krüger & A. Güllich (Hrsg.): Bachelor-Kurs Sport. Ein Lehrbuch für das Studium der Sportwissenschaft. Berlin: Springer-Verlag, 567-568.

Memmert, D./Strauß, B./Theweleit, D. (2013): Der Fußball, die Wahrheit. München: Süddt. Zeitung.

Memmert, D. (2017): Revolution im Profifußball. Heidelberg: Springer Verlag.

Memmert, D. (2019): Fußballspiele werden im Kopf entschieden. Kognitives Training, Kreativität und Spielintelligenz im Amateur- und Leistungsbereich. Aachen: Meyer & Meyer Verlag.

Memmert, D. (2022): Spielanalyse im Sportspiel. Berlin: Springer.

Mourlane, D. (2018): Emotional Leading. Die Kunst, sich und andere richtig zu führen. München: dtv Verlagsgesellschaft.

Pfister, H./Jungermann, H./Fischer, K. (2017): Die Psychologie der Entscheidung. Heidelberg: Springer.

Pokolm, M./Rein, R./Müller, D./Nopp, S./Kirchhain, M./Aksum, K. (2022): Modeling Players' Scanning Activity in Football. In: *Journal of sport & exercise psychology, 44, (4),* 263-271.

Pokolm, M. (2022): Vororientierung im Fußball. In: D. Memmert (Hg.): Spielanalyse im Sportspiel. Berlin, Heidelberg: Springer, 97-104.

Prang, E. (2010): Didaktik und Methodik. In: H. Schloffer, E. Prang & A. Frick-Salzmann (Hg.): Gedächtnistraining. Theoretische und praktische Grundlagen. Heidelberg: Springer, 85-93.

Pscherer, J. (2016): Resilientes Selbstmanagement - eine Führungsaufgabe der Zukunft. Ergebnisse einer Online-Studie zum Einfluss von Selbstregulierung auf das Erfolgserleben. In: *Organisationsberatung, Supervision, Coaching, 23, (4),* 391-409.

Rafelt, M. (2016): Vollgasfußball. Die Fußballphilosophie des Jürgen Klopp. Rastede: Die Werkstatt.

Reece, J./Urry, L./Cain, M./Wassermann, S./Minorsky, P. (2016): Campbell Biologie. Hallbergmoos: Pearson.

Reinders, H./Hoos, O./Haubenthal, G./Varlemann, S. (2018): Diagnostik fußballspezifischer Kompetenzen bei Nachwuchsspielerinnen. Der Test zur Erfassung von „Soccer Competencies in Realistic Environments (SCORE)". In: *Schriftenreihe des Nachwuchsförderzentrums, 6,* 15-19.

Reivich, K./Shatté, A. (2003): The resilience factor. Seven essential skills for overcoming life's inevitable obstacles. New York: Harmony Books.

Roth, G./Ryba, A. (2022): Coaching, Beratung und Gehirn. Neurobiologische Grundlagen wirksamer Veränderungskonzepte. Stuttgart: Klett-Cotta.

Roth, K. (1989): Taktik im Sportspiel. Schordorf: Hofmann.

Roth, K. (1991): Entscheidungsverhalten im Sportspiel. In: *Sportwissenschaft, 21,* 229-246.

Sander, E. (2001): Förderung der Wahrnehmungsfähigkeit. In: G. Lauth, U. Brack & F. Linderkamp (Hg.): Verhaltenstherapie mit Kindern und Jugendlichen. Weinheim: Psychologie Verlags Union, 1.

Schloffer, H./Prang, E./Frick-Salzmann, A. (2010): Gedächtnistraining. Theoretische und praktische Grundlagen. Heidelberg: Springer.

Schmidt, F. (2023): Unkaputtbar: Mein Leben, mein Fußball, mein Verein. Hamburg: Murmann Publishers.

Schüler, J./Wegner, M./Plessner, H. (2020): Sportpsychologie. Berlin: Springer.

Schultz, F. (2014): Antizipation von Fußballtorhütern. Untersuchung zur Konzeption einer kognitiven Leistungsdiagnostik im Kontext der sportwissenschaftlichen Talentforschung. Hamburg: Dr. Kova[illegible].

Schumann, K. (2021): Spitzenfußball zu „erfühlen" macht den Unterschied. In: A. Hildebrandt & W. Neumüller (Hg.): Bauchgefühl im Management. Heidelberg: Springer Verlag, 311-325.

Secades, X./Molinero, O./Salguero, A./Barquín, R./La Vega, R./Márquez, S. (2016): Relationship Between Resilience and Coping Strategies in Competitive Sport. In: *Perceptual and motor skills, 122, (1),* 336-349.

Spreckels, C. (2022): Kopfsache Fußball. Wie das Spiel mental entschieden wird. Erfolgsfaktor Sportpsychologie: ein Mentaltrainer erklärt. Hamburg: Edel Sports.

Täuber, M./Obermaier, P. (2018): Alles reine Kopfsache. 5 Phänomene aus der Hirnforschung, mit denen Sie alles schaffen, was Sie wollen! Wien. Goldegg Verlag.

Van Yperen, N. (2009): Why Some Make It and Others Do Not: Identifying Psychological Factors That Predict Career Success in Professional Adult Soccer. In: *The Sport Psychologist 23, (3),* 317-329.

Wein, H. (2016): Spielintelligenz im Fußball. Kindgemäß trainieren. (4. überarbeitete und ergänzte Auflage). Aachen: Meyer & Meyer Verlag.

Williams, A. (2009): Perceiving the intentions of others: how do skilled performers make anticipation judgments? In: *Progress in brain research, 174,* 73-83.

Willmann, H. (2012): 30 Minuten Willenskraft. (4. neu bearbeitete Auflage). Offenbach: Gabal Verlag GmbH.

Wolf, H. (2022): Intuitive Spielkompetenz. In: Bund Deutscher Fußball-Lehrer (Hg.): Internationaler Trainer-Kongress 2022. Kompetenzentwicklung von Spielerinnen und Spielern, Trainerinnen und Trainern. Wiesbaden: Der Fußballverlag, 18-27.

## INTERNETQUELLEN

Deutscher Fußball-Bund (2016): VORORIENTIERUNG MACHT DEN ‚IGEL' ZUM ‚HASEN'!. Zugriff am 08.07.2023 unter https://www.dfb.de/trainer/aktiver-ue-20/artikel/vororientierung-macht-den-igel-zum-hasen-2316/

Lorenzen, R. (2022). Mittelstürmer – wo seid ihr geblieben? Zugriff am 20.11.2023 unter https://www.zdf.de/nachrichten/sport/bolzplatz-manu-thiele-stuermerproblem-100.html

## 3 BILDNACHWEIS

Covermotiv: imago

Covergestaltung: Isabella Frangenberg

Innenlayout & Satz: Isabella Frangenberg

Lektorat Skript: Andreas Barth; Satzfahne: Katrin Schubert

Grafiken: Alle Grafiken zu den Spiel- und Übungsformen (Abb. 1-36) wurden mit easy Sport-Graphics (www.easy-sportssoftware.com) erstellt. Mit freundlicher Genehmigung von Peter Schreiner.

Bilder: S. 8: picture alliance/dpa | Andreas Gora; S. 9: picture alliance/dpa | Daniel Karmann